国家教学成果特等奖理论研究与实践应用

技能大赛解析

ChinaSkills

The Interpretation of
ChinaSkills

吕景泉　编著

中国铁道出版社有限公司
CHINA RAILWAY PUBLISHING HOUSE CO., LTD.

内容简介

本书共六篇，从国赛品牌开篇，到国赛历程、国赛制度、国赛项目、国赛价值，最后以国赛风采结尾，对技能大赛进行解析、回顾，以求在已经成功实践的基础上，继续实践、继续探索，加强理论研究、经验总结、模式推广，从而寻找成就技能大赛的成功“密码”。

本书可供职业教育的专家学者和职业院校同仁参考，也可供参加全国职业院校技能大赛的指导老师与参赛选手学习，还可供为中国对外人文交流、国际教育合作的工作人员参考学习。

图书在版编目（CIP）数据

技能大赛（ChinaSkills）解析：国家教学成果特等奖理论研究与实践应用/吕景泉编著.—北京：中国铁道出版社有限公司，2021.6
ISBN 978-7-113-27920-2

Ⅰ.①技… Ⅱ.①吕… Ⅲ.①职业教育-技能-竞赛-研究-中国 Ⅳ.①G719.2

中国版本图书馆CIP数据核字（2021）第076909号

书　　名：技能大赛（ChinaSkills）解析
JINEGN DASAI（CHINASKILLS）JIEXI
作　　者：吕景泉

策　　划：何红艳　　**编辑部电话：**（010）83552550
责任编辑：何红艳
封面设计：曾　程
责任校对：孙　玫
责任印制：樊启鹏

出版发行：中国铁道出版社有限公司（100054，北京市西城区右安门西街8号）
网　　址：http://www.tdpress.com/51eds/
印　　刷：中煤（北京）印务有限公司
版　　次：2021年6月第1版　2021年6月第1次印刷
开　　本：720 mm×960 mm 1/16　**印张：**15.5　**字数：**140千
书　　号：ISBN 978-7-113-27920-2
定　　价：48.00元

大賽点亮人生　技能成就梦想

助中国职教走向世界

让世界分享中国方案

ChinaSkills

让每个人都有人生出彩的机会

以技能之实，助强国梦想。

以大赛之光，映职教精彩。

以赤诚之析，解匠人匠心。

——吕景泉携芮志彬、武春平愿与同仁共享共勉

前　言

大赛点亮人生，技能成就梦想。这是已经成功举办了十二届次的全国职业院校技能大赛的实践明证与价值追求。

让每个人都有人生出彩的机会。这是习近平总书记对职业教育的重要指示要求，也是新时代全国各族人民的美好生活向往与持续奋斗目标。

技能大赛，为职业院校学生提供了一个展现自我、实现人生价值和职业理想的舞台，一批批优秀的能工巧匠脱颖而出；技能大赛，为职业院校与合作企业搭建了一座桥梁，促进了产业、行业、企业、职业、专业的联动对接；技能大赛，催生出一大批优秀资源成果转化并服务于日常教学，产生了24项与大赛直接关联的国家级教学成果。

十二届次的大赛，一批赛项的先进理念、教学标准、竞赛装备、教程教材落地专业建设，落地课堂教学，落地境外项目；一批具有创新性的岗位技术标准、专业设备设施反哺企业，实现双赢，实现多赢；一批技能精湛的获奖选手在职业岗位上创造出骄人业绩，绽放出彩人生，成就职业梦想。十二届次的大赛，为中国职业教育的优质资源、制度标准与世界深度分享搭建了崭新的合作平台。

解析技能大赛，探究大赛对于职业教育改革发展的推动作用，对于职业教育“五业联动”办学模式的促进作用，对于职业教育专业建设、课程改革的引领作用，对于职业教育制度创新、体制创新、评价创新的牵引作用，在新时代构建现代职业教育体系，增强职业教育适应性，牢固确立类型教育，建设职业教育强国过程中,都具有重要的现实意义。

十二届次的大赛，已经成为中国职业教育的一道亮丽风景线，成为中国职业教育的一个知名国际品牌，它值得我们去解析，也需要我们去解析、去研究、去总结、去推广。

大赛是职业教育改革发展的“检验器”，是职业教育创新发展的“探测器”，是职业教育科学发展的“助力器”。职业教育需要技能大赛。

吕景泉

2021 年 5 月 1 日

目　录

第一篇

国赛品牌

职业技能竞赛为广大技能人才提供了展示精湛技能、相互切磋技艺的平台，对壮大技术工人队伍、推动经济社会发展具有积极作用。

——习近平

2020年12月10日

为实现“两个一百年”奋斗目标提供人才保障，全国职业教育工作会议于2014年6月23至24日在北京召开。

中共中央总书记、国家主席、中央军委主席习近平就加快职业教育发展作出重要指示。他强调，职业教育是国民教育体系和人力资源开发的重要组成部分，是广大青年打开通往成功成才大门的重要途径，肩负着培养多样化人才、传承技术技能、促进就业创业的重要职责，必须高度重视、加快发展。

习近平指出，要树立正确人才观，培育和践行社会主义核心价值观，着力提高人才培养质量，弘扬劳动光荣、技能宝贵、创造伟大的时代风尚，营造人人皆可成才、人人尽展其才的良好环境，努力培养数以亿计的高素质劳动者和技术技能人才。

在开启全面建设社会主义现代化国家新征程之际，2021年4月12日至13日，全国职业教育大会在北京召开。

中共中央总书记、国家主席、中央军委主席习近平对职业教育工作作出重要指示强调，在全面建设社会主义现代化国家新征程中，职业教育前途广阔、大有可为。要坚持党的领导，坚持正确办学方向，坚持立德树人，优化职业教育类型定位，深化产教融合、校企合作，深入推进育人方式、办学模式、管理体制、保障机制改革，稳步发展职业本科教育，建设一批高水平职业院校和专业，推动职普融通，增强职业教育适应性，加快构建现代职业教育体系，培养更多高素质技术技能人才、能工巧匠、大国工匠。

一、品牌创建

2008 年，首届全国职业院校技能大赛（简称国赛，又称大赛）在天津开幕，到 2019 年，每年举办一届的大赛历经了十二届次。

2008 年，首届全国职业院校技能大赛的主办单位有 11 个，分别是:教育部、天津市人民政府、人力资源和社会保障部、农业部、国务院扶贫办、住房和城乡建设部、交通运输部、工业和信息化部、中华全国总工会、共青团中央、中华职业教育社。

首届大赛在天津主赛区一地举行，来自 37 个省、自治区、直辖市、新疆生产建设兵团和计划单列市的 2 080 名参赛选手进行 10 个专业类别的 24 个竞赛项目的比赛。

首届大赛期间，中国职业教育改革与发展高峰论坛、第六届全国职业教育现代技术装备展览会在天津同期举办。

2019 年，第十二届全国职业院校技能大赛的主办单位有 35 个，分别是：教育部、天津市人民政府、国家发展和改革委员会、科学技术部、工业和信息化部、国家民族事务委员会、民政部、财政部、人力资源和社会保障部、自然资源部、生态环境部、住房和城乡建设部、交通运输部、水利部、农业农村部、商务部、文化和旅游部、国家卫生健康委员会、应急管理部、国务院国有资产监督管理委员会、国家粮食和物资储备局、中国民用航空局、国家中医药管理局、国务院扶贫开发领导小组办公室、中华全国总工会、共青团中央、中华职业教育社、中国职业技术教育学会、中华全国供销合作总社、中国机械工业联合会、中国有色金属工业协会、中国石油和化学工业联合会、中国物流与采购联合会、中国纺织工业联合会、中国煤炭工业协会。

第十二届大赛在天津主赛区和北京、山西、内蒙古、吉林、江苏、浙江、安徽、福建、山东、河南、湖北、湖南、广东、广西、重庆、贵州、云南、陕西、甘肃、宁夏、青岛 21 个分赛区举行，来自全国 17 450 名参赛选手，代表数千万职业院校学生，历经校赛、省赛，进入国赛层级，参加 86 个常规赛项，5 个行业特色赛项。

第十二届大赛期间，24 项活动同期在天津举办：国家现代职业教育改革创新示范区思想政治教育实践基地体验活动、“安教乐道·铸魂育人”、国家级教学成果奖交流展示和推广应用活动、《国家职业教育改革实施方案》座谈会、首届全国 1+X 证书制度高峰论坛——“产业、行业、企业、职业、专业”五业联动对接会、“人工智能背景下展望职业教育未来”五业联动高端讲堂、京津冀协同发展“现代服务业”产教对接会暨“人工智能+现代物流”技术产品展示活动、瑞士GF模具产业学院揭牌仪式及精密制造校企合作成果展示、“鲁班工坊”与产教融合国际论坛、鲁班工坊建设·体验馆观摩活动、第三届“EPIP工程实践创新项目”国际教育论坛、2019第四届IEEE电脑鼠走迷宫国际邀请赛暨2020年世界APEC电脑鼠大赛中国选拔赛、第八届自动化生产线安装与调试国际邀请赛、学前教育国际化专业教学标准交流展示活动、“脱贫攻坚·职教帮扶”工作纪实展、京津冀地区ARE企业模拟经营挑战赛、终身学习成果综合展示体验活动、“职继协同 优质发展 推动学习型城区建设”城市职教集团建设展示、全国职业院校技能大赛博物馆综合体验活动、“传承班墨文化”——“学子归叙发展、亲子悟劳动美”普职融通教育活动、创意城市 设计之都——优秀艺术应用技术设计作品展、弘扬工匠精神 助力创新发展——第二届“匠心·创新”论坛、安全·知识·科技——安全教育基地综合体验活动、全国大赛获奖选手就业洽谈会。

大赛已经发展成为中国职业教育领域乃至全国范围规格最高、校企合作最紧密、专业覆盖面最广、参赛选手最多、社会影响力最大、联合主办部门最全的国家级技能赛事。随着大赛的发展，中国职业教育在深化教学改革、服务经济社会、助力产业升级、推动区域发展、促进国际合作等方面取得可喜成绩。

大赛有力助推中国职业教育发展，成为中国职业教育的亮丽品牌。

2017 年，是中国共产党第十九次全国代表大会召开之年，也是大赛连续举办的第十届。大赛的“精彩十年”，成为大赛发展进程中的一个精彩里程。

2017 年 5 月，中共中央政治局常委、国务院总理李克强对第十届全国职业院校技能大赛的举办作出重要批示。批示指出：“希望技能大赛贯彻新发展理念，充分发挥引领示范作用，推动职业教育进一步坚持面向市场、服务发展、促进就业的办学方向，坚持工学结合、知行合一、德技并修，坚持培育和弘扬工匠精神，努力造就源源不断的高素质产业大军，投身大众创业万众创新，为更好发挥我国人力人才资源优势、推动中国品牌走向世界、促进实体经济迈向中高端作出新的更大贡献！”全国职业院校技能大赛在新时代新起点上继续承载使命，不断前行。

2017 年 5 月 8 日，第十届大赛开幕式与第三届职业教育活动周全国启动仪式同时在天津隆重举行。时任中共中央政治局委员、国务院副总理刘延东出席并发表讲话，她深情地说：“我回忆起 2008 年，我与时任市委书记，也就是现在的中共中央政治局常委、国务院副总理张高丽同志当时一起商量要在天津办职业大赛，因为当时天津发展得非常好，给我们留下了非常深的印象。以后就经国务院批准同意，把天津作为每年全国职业院校技能大赛的永久会场，2015年国务院又决定将每年5月份的第二周作为职业教育活动周。所以把技能大赛和活动周联动举办，来展示职业教育蓬勃发展的态势和广大职业院校师生的良好风貌，也因此成为了我们国家职业教育亮丽的名片。”可以说，2008年6月首届大赛在天津的成功举办，开启了职业教育全国技能竞赛的建设与发展之路，大赛这项中国特色职业教育重大制度的创新和发展倾注了党中央、国务院领导同志的巨大心力。

2018年5月，中共中央政治局委员、国务院副总理孙春兰在天津调研职业教育工作，并出席2018年全国职业教育活动周启动仪式暨第十一届全国职业院校技能大赛开幕式。她强调，要坚持以习近平新时代中国特色社会主义思想为指导，认真贯彻党中央、国务院决策部署，加快构建现代职业教育体系，培养更多高素质技术技能人才，为建设现代化经济体系、加快实体经济发展、推动产业转型升级、促进就业创业、增进民生福祉提供有力支撑。

在天津期间，孙春兰实地考察了天津轻工职业技术学院、天津城市职业学院、天津市第一商业学校、天津职业技术师范大学。深入了解鲁班工坊、实训基地、人才培养等情况，并召开职业教育工作座谈会。她指出，推动经济高质量发展，加快发展先进制造业和现代服务业，助力精准扶贫，为青年提供更多人生出彩的机会，迫切需要发展高质量职业教育。要坚持服务发展、促进就业的办学方向，围绕培养社会主义建设者和接班人的根本使命，完善人才培养体系，深化产教融合、校企合作，建设一批高水平职业院校和专业，提升人才培养质量。加强“双师型”教师队伍建设，打通校企人才双向交流渠道，吸引更多具有深厚理论知识和丰富实践能力的人才到职业院校任教。加快形成多元办学格局，统筹财政、税收、土地等政策，为企业兴办职业教育降成本、清障碍，激发社会力量参与职业教育的内生动力。加强职业教育标准体系建设，探索完善国家资历框架，推动学历、学位与职业资格及其他学习成果互认衔接。健全人才评价体系，畅通人才成长“立交桥”，广泛宣传技术技能人才的劳动成果和价值，推动提升他们的地位待遇，营造劳动光荣、技能宝贵、创造伟大的良好社会氛围。

孙春兰勉励广大职业院校学生志存高远、脚踏实地、苦练本领，干一行、爱一行、精一行，弘扬劳模精神和工匠精神，用精湛技艺书写精彩人生，展现新时代技术技能人才的良好风采。

大赛攻坚克难、前行不辍，经历了不平凡的历程，成为集中反映职业教育深化改革、发展创新成果的缩影和窗口，成为中国特色职业教育的亮丽品牌。

二、国赛天津

2005 年 8 月，伴随天津市滨海新区开发开放纳入国家总体发展战略布局，教育部与天津市政府签订了《教育部 天津市政府共建国家职业教育改革试验区协议》，天津成为首个国家级职业教育改革试验区（简称试验区）。

2007 年 8 月，为加速推动试验区建设实施方案落实，教育部和天津市政府召开了试验区工作领导小组会议，研究确定：实施“每年举办全国职业院校技能大赛”重大举措，助推试验区建设，全面探索校企合作培养技能人才，为全国职业教育改革提供示范和引领。天津被确定为大赛的主赛场和永久举办城市。

2008 年，首届全国职业院校技能大赛在天津成功举办。首届大赛分为中职、高职两个组别进行，共设电工电子、数控技术、美容美发等 10 个专业类别、24 个项目的比赛。其中，中职组设置了 7 个专业类别的项目；高职组设置了数控技术、模具设计与制造、机电一体化三类 4 个比赛项目（产品部件的数控编程、加工与装配，注塑模具 CAD 与主要零件加工，自动化生产线安装与调试，机器人)。

2008 年、2009 年、2010 年，天津作为主赛场，且是唯一举办地，连续成功举办了前三届大赛。

2011 年，第四届大赛，组委会在江苏试点举办了中职组会计技能类 1 个赛项和农业技能类 7 个赛项；在山东试点举办了中职组护理技能类 1 个赛项；其他 46 个赛项全部在天津主赛场举办。

2012 年，第五届大赛，开始推行分赛区制，形成了天津主赛区和各地分赛区“一主多辅”格局，也就是“主 – 分赛区”办赛格局。随后，分赛区和承办院校数量逐步增长，各分赛区承办赛项数量最多时达 70% 左右。天津作为主赛场，大赛助推职业教育改革试验区、示范区及示范区升级版建设成果，辐射全国，影响世界。

2013 年，第六届大赛，首次设置“飞机发动机拆装检测与维护技能”赛项；同期举办了中德两国学生“飞机蒙皮技术挑战赛”和第二届“工程实践创新项目（EPIP）国际挑战赛”。飞机发动机被誉为“工业之花”，是一个国家科技、工业和国防实力的重要标志。竞赛要求选手掌握飞机发动机装配分解等基本维修技术技能，具备较高的团队合作精神、规范化操作能力、精准化质量意识等素质素养，引导和推动了航空类专业教育教学改革。

2014 年，第七届大赛，在大赛开幕前夕，全国职业教育大会在北京举行，习近平总书记就加快发展职业教育作出重要指示，李克强总理会见全国职业教育工作会议代表并发表讲话。时任中央政治局委员、国务院副总理刘延东在会议讲话中热情洋溢地说道："在天津连续举办了六届的全国职业院校技能大赛，已经成为中国职业教育的一道亮丽风景线。"9 月 9 日，首个职业教育领域国家级教学成果"特等奖"获得者，受到习近平、李克强等党和国家领导人接见，其成果为应用 EPIP 教学模式"开发技能赛项与教学资源，推进高职机电类专业综合实训教学的改革与实践"，刘延东为其颁发证书及奖章。

2015 年，第八届大赛，为全面展示大赛成果，教育部和天津市人民政府主办、教育部职业教育与成人教育司和天津市教育委员会承办，在天津海河教育园区天津商务职业学院创设全国职业院校技能大赛博物馆。大赛期间，刘延东亲临大赛博物馆考察指导，勉励参与工程实践创新项目（EPIP）"智能机器人"活动的中小学生，提出"职业启蒙，要从娃娃做起"；在博物馆，刘延东还见证了《教育部 天津市政府共建国家现代职业教育改革创新示范区》协议签约，并发表讲话；时任教育部副部长鲁昕现场强调，天津的国家职业教育示范区验收成功，签署"示范区升级版"建设协议，标志着天津进入"职教 4.0 版"建设时代。

2016 年，第九届大赛，大赛开幕式与第二届职业教育活动周全国启动仪式在天津海河教育园区天津机电职业技术学院举行，这是首次将职业教育活动周全国启动仪式与大赛开幕式并轨举办，更是首次在职业院校内举办。大赛期间，刘延东在天津广播电视大学考察“小小工程师”活动现场和老年服务项目展示，通过视频平台与各地职教活动周现场联通，慰问师生，同广大市民交流。

2017 年，大赛满十届，走进第十个年头。按照教育部整体部署，在大赛博物馆举办“共筑职教梦，喜迎十九大”主题展示活动，其名称为“全国职业院校技能大赛十年成果展——精彩十年”。成果展从大赛发展历程、制度机制建设、助推教学改革、关注国计民生、服务经济发展、助力产业升级、培养技能人才、弘扬工匠精神、推动区域合作、促进国际交流等方面，图文并茂，多维度、多视角、多层面对大赛十年取得的辉煌成就进行全面系统的展示，总结了中国职业教育改革与发展的丰硕成果。刘延东再次莅临大赛博物馆，参观“精彩十年”成果展，并接见“泰国鲁班工坊”中泰双方院校长及建设团队，考察了“自动化生产线安装与调试”国际赛项现场。国家中西部地区职业教育师资培训中心、国赛成果转化中心、国家职业教育教学资源开发与制作中心、鲁班工坊研究与推广中心等“国字号”相继落户天津。

2018 年，第十一届大赛，中共中央政治局委员、国务院副总理孙春兰在出席第四届职业教育活动周全国启动仪式暨第十一届全国职业院校技能大赛开幕式，调研天津职业教育工作，实地考察了天津海河教育园区天津轻工职业技术学院“鲁班工坊建设·体验馆”、智能电梯赛项现场、天津城市职业学院养老与幼儿培养培训基地、天津市第一商业学校现代服务业人才培养基地、天津职业技术师范大学国家大师工作室，并主持召开新一届政府首次职业教育工作座谈会，提出“1+X”构想。

2019 年，第十二届大赛，恰逢中华人民共和国成立 70 周年。全国职业院校技能大赛和第五届职业教育活动周以“迎祖国七十华诞，展职教时代风采”为主题，全面落实“新时代谱写新篇章”总要求，在天津主赛区召开了《国家职业教育实施方案》座谈会，教育部副部长孙尧出席并讲话，全国 50 位职业教育专家齐聚津门为新时代职业教育改革发展出谋划策。大赛期间，泰国、印度、英国、印度尼西亚、巴基斯坦、柬埔寨、葡萄牙和吉布提已建成鲁班工坊的受益学校师生、国内外知名企业近 200 位嘉宾齐聚天津，共话“一带一路”为合作国经济发展带来的新变化。

十二届次的大赛，天津作为主赛场，探索出一套完整的赛事和活动举办机制，为大赛注入了天津职教特质和天津职教精神，推动了大赛举办质量的不断提升，组建了国家职业教育改革试验区（示范区）联盟，创建了京津冀协同发展产业对接平台，成立了 EPIP 国际教育联盟，组织了首届“鲁班工坊”与“产教融合”国际论坛，打造了“五业联动”高端讲堂、“安教乐道”现代职教之品、“我与大赛故事”、“传承班墨文化”等优质品牌，导入了“自动化生产线安装与调试”国际邀请赛、“工程实践创新项目（EPIP）国际挑战赛”、“IEEE 电脑鼠走迷宫”国际邀请赛等国际赛事，借助大赛、职教活动周和示范区、鲁班工坊等多平台的叠加、辐射、极化效应，有力推动了产教融合、国际合作、德技并修、工匠精神的落实落地，也为大赛改革试点赛及中国职业技能大赛提供了坚实的基础与有益的范式。

三、制度创新

2005 年，中华人民共和国成立以来首个国家职业教育改革试验区落户天津，教育部和天津市人民政府议定，将举办全国职业院校技能大赛作为试验区建设的重要内容，开启了试点先行、创新设计、全面推开的大赛制度构建之路。

经过系统谋划和整体设计，在时任中共中央政治局委员、国务委员刘延东的直接推动下，2008 年 6 月，首届大赛在天津举办。

刘延东出席了开幕式、观看了部分技能项目比赛，并召开职业教育座谈会。她强调要完善中国特色现代职业教育体系，培养更多高素质劳动者和高技能人才。大赛要发挥推进体制机制创新和宣传职教重要地位的作用，要成为创造有利于职业教育发展良好社会环境和舆论氛围的重要举措。

自此，国家相继发布的一系列职业教育重要文件中，将技能竞赛置于提升职业教育质量、增强职业教育吸引力的重要位置；教育部将大赛列为年度工作要点，不断完善其制度设计，确保规范运行。经过十二届次大赛，国务院相关部门、地方政府、社会组织、行业组织和职业院校协同并进、联合办赛机制形成；大赛制度实现了对赛事组织机构、赛事筹备、竞赛过程、赛后工作的全覆盖；由大赛组委会、执委会、赛区组织机构、赛项组织机构和承办院校构成的大赛工作体系的全套制度得以构建；赛项申报与遴选、参赛资格、组队方式、比赛奖励、分赛区设置等方面的制度确立并不断完善；各种监督保障制度也日益健全成熟。“精彩、专业、安全、廉洁”成为历届大赛的追求。

历经十二届次，作为加快发展现代职业教育的重要制度设计，大赛丰富了我国职业教育的制度体系，使中国特色的职业教育制度日趋完善。

全国职业院校技能大赛，是中国职业教育推进质量发展、深化教学改革、促进产教融合、实施制度创新的亮丽品牌。

四、体系构建

国务院批准天津作为每年全国职业院校技能大赛永久主赛场，职业技能竞赛的国家体系建设之路正式开启。

2009 年第二届国赛期间，刘延东在天津考察大赛时强调，职业院校技能大赛能够覆盖全国，很多专业的学生都参与，起点高、组织好、影响大，对职业教育发展意义重大。

2011 年，刘延东在大赛闭幕式上发表讲话，她充分肯定大赛举办以来在促进职业教育改革、创新、发展、建设方面所起到的积极作用，并殷切地鼓励选手们说：“参加全国职业院校技能大赛是人生中光彩的一页，接受职业教育的青年学生将迎来更加美好的未来。这对于进一步扩大大赛影响、全面推进大赛发展，可谓加注了充足的动力、更加明晰未来的发展方向。”

2012 年，大赛的竞赛体系日益完善，在全国逐步形成为“主 - 分赛区”的竞赛格局。自 2012 年起，大赛在天津主赛场以外增设分赛区，并建立分赛区公平竞争遴选机制，以充分发挥分赛区和承办院校所在地的产业、资源和政策优势，使大赛产生更加广泛的影响。伴随“主 - 分赛区”竞赛格局的建立，国家级大赛组织体系、地方竞赛组织体系和学校竞赛组织体系形成，构成覆盖全国、逐级组织的竞赛框架。

与此同时，大赛引领形成三级竞赛体系。全国大赛带动省赛，并促进校赛，“校校有比赛，省省有竞赛，国家有大赛”的技能竞赛体系形成。大赛举办地从2008年的1个发展到2019年的22个；赛项承办学校，从2008的10个发展到2019年的85个；由此形成的辐射网络使每所职业院校的每位师生都成为这个竞赛体系的真实主体，“人人都参与、专业大覆盖、层层有选拔”，技术技能人才培养和选拔的“工程实践创新项目”体系蔚然成型。

五、德技并修

大赛弘扬“劳动光荣、技能宝贵、创造伟大”的时代风尚，不断营造人人皆可成才、人人尽展其才的良好环境，在培养数以亿计的高素质劳动者和技术技能人才进程中发挥着不可替代的引领作用。

刘延东在2013年第六届全国职业院校技能大赛闭幕式讲话中对大赛给予高度评价，她说：“大赛展示了职业教育创新成果，深化了职业院校教育教学改革，有力推动了产教融合、校企合作，促进了人才培养与产业发展的结合，扩大了职业教育国际交流，增强了职业教育影响力和吸引力。大赛越办越好，已成为广大师生展示风采、追梦圆梦的广阔舞台，成为促进我国职业教育改革发展的重要抓手，对职业院校办出特色、办出水平的引领作用日益凸显。”大赛引领教学成为重要的发展导向。

“以赛促学、以赛促教、以赛促改、以赛促建”，持续推进职业教育教学改革与创新，大赛成为“风向标”。职业院校立足大赛标准全面推进教学改革成为新时代职业教育的发展趋势，而大赛资源转化的成果则持续促进专业建设和提高人才培育质量，优质的教学成果不断涌现。以工程实践创新项目（EPIP）教学模式应用为成果的“开发技能赛项与教学资源推进高职机电类专业综合实训教学的改革与实践”项目，荣获中华人民共和国成立以来首个国家级职业教育领域教学成果“特等奖”，与其他获奖成果共同对职业院校教学改革产生深远影响。

德育是大赛之魂。倡导“德技并修”的竞赛精神和“精益求精”的工匠精神，努力培育知行合一、德艺双馨的大国工匠，是大赛一以贯之的核心目标。90% 以上的赛项将职业素养纳入考核范围，2013 年以来，50% 以上的赛项强化团队合作，100% 的赛项注重质量意识、成本意识和环保意识培养，职业院校的德育工作也因之增加了有力抓手。大赛期间各赛区都有德育方面的同期活动，有工作会、座谈会、表彰会、演讲会、风采赛、体验展演，切中职业教育育人规律，传承职业教育文化命脉，成为大赛期间的亮丽风景。“安教乐道”——现代职业教育之“品”，也随着大赛渗透到师生的心灵深处，为现代职业教育孕育大国工匠筑底发力。

2017 年 5 月 8 日，刘延东在天津亲切接见十位历届大赛中获奖选手，了解他们在岗位上的贡献，欣慰地赞叹大赛培育了德技双馨的大国工匠！

六、服务能力提升

大赛支撑经济转型升级、提振中国制造实力，服务于造就源源不断的高素质产业大军，推动中国品牌走向世界，促进实体经济迈向中高端。

2015 年 7 月，刘延东在天津出席第八届全国职业院校技能大赛闭幕式时强调，要深入落实创新驱动发展战略，围绕实施中国制造、“互联网 +”，加快科技创新步伐，努力取得更多原创性和颠覆性创新成果，为稳增长、调结构、惠民生增添动力。她指出，“职业教育蓬勃发展，释放出巨大人才红利，有力促进就业创业，取得举世瞩目的成就。”

行业、企业深度参与的大赛组织机制使产教融合、工学结合、校企合作得到有力扩展。赛项设置紧贴产业需求，与国家三大产业的发展结构相匹配；现代服务业赛项比重稳步提升，占比稳定在一半左右；战略性新兴产业赛项占三成左右；现代农业、制造业赛项则更加关注产业升级的方向。竞赛内容密切对接行业标准和企业生产实际，行业、企业专家参与审定赛项规程，确保了大赛能够更好地引导职业教育对接产业转型、升级发展的迫切需求。云计算技术与应用、物联网技术应用、移动互联应用软件开发、工业产品造型设计与快速成型、工业机器人技术应用等赛项体现新产业、新技能、新业态的变化；智能家居安装与维护、电子商务技能、大气环境监测与治理技术、风光发电系统安装与调试、农产品质量安全检测等赛项则适应绿色环保的发展要求。

2016 年 9 月完成的《全国职业院校技能大赛自评报告》指出，80% 以上的赛项有国内外知名企业深度参与，产业最新技术、先进设备和人才需求标准引入大赛，引领职业教育专业建设，有力地支撑着和服务于中国制造。据初步统计，十二届次的大赛，数千万以上的职业院校学生参与了各级各类技能赛项。其中，参加国赛层级的选手近 11 万人，获奖选手超过 7 万人，他们已经成为中国技术技能人才大军中的核心和骨干。

七、赛事国际化

“一带一路”倡议，需要中国职业教育加快国际化发展，助力国际产能合作。大赛不断提升自身的国际影响力与世界分享力，推动中国职业教育走出去，促进中国与合作国的技术技能积累。

刘延东对大赛推进职业教育国际化有着充分肯定和殷切期许。在2013年第六届全国职业院校技能大赛闭幕式的讲话中，她肯定地说，大赛扩大了职业教育国际交流，增强了职业教育影响力和吸引力。在2016年第九届全国职业院校技能大赛开幕式的讲话中，她要求职业教育和大赛要培育高质量技术技能人才，抢占国际产业链和价值链的制高点。在2017年第十届全国职业院校技能大赛开幕式上，她进一步强调，要扩大开放合作，通过加强国际合作，借鉴国际先进经验来提升我们职业院校办学水平，要适应“一带一路”建设，让职业教育“引进来，走出去”，进行合作办学人才培养，参与制定职业教育国际标准，打造中国品牌，使职业教育成为中外人文交流的新能源。第十届大赛期间，她接见了第一个鲁班工坊——“泰国鲁班工坊”的中外双方院校长及建设团队，勉励大家要将鲁班工坊建设成中国职业教育的国际知名品牌，促进人文交流与合作，服务“一带一路”。

在国赛举办的时间轴上，从第二届开始，组织方及职业院校每年邀请国内外知名企业、国际竞赛选手、国际著名会展集团参与大赛活动。2019 年第十二届大赛，受邀观摩大赛的各国职业教育相关人士超过 6 000 人。在大赛同期活动中，“自动化生产线安装与调试”国际挑战赛已成功举办了 8 届，国际化专业教学成果交流赛举办了 5 届，电脑鼠走迷宫（IEEE）国际邀请赛举办了 4 届。大赛教学资源《自动化生产线安装与调试》《工程实践创新项目教程》等双语教材，成为东盟职业技能大赛竞赛和教学培训的重要支撑；工程实践创新项目（EPIP）教学模式与鲁班工坊国际品牌，已经成为助推中国与世界分享职业教育成果的话语标识。大赛期间，举办“职业教育国际研讨会”、“国赛”对接“世赛”国际赛事合作交流论坛等活动已经常态化；“五业联动”高端讲堂、“安教乐道”情境讲坛成为亮眼平台；“职继协同、双周推进”深入人心，开启职业教育服务社会新领域。通过大赛，工程实践创新项目（EPIP）国际联盟成立、首届“鲁班工坊”与“产教融合”国际论坛在天津举办、中泰职业教育活动周暨中国东盟职业院校学生作品展等活动连续举行，来自世界多国的政府官员、主管部门、院校代表和学生参与感受中国大赛，感知中国职教。

大赛注重“请进来”的同时，更重视将大赛优秀成果“输出去”。由职业院校、行业企业共同设计的大赛赛项、竞赛装备、教材资源相继成为东盟职业技能大赛的指定赛项，竞赛的标准、装备、教材率先走出国门；经过“泰国鲁班工坊”自动化装备训练的泰国代表队、印度尼西亚代表队在2016年11月举行的第十一届东盟职业技能大赛中获得一等奖,中国职业教育大赛的“软实力”叫响海外。

2017年5月，国赛成果转化中心在天津揭牌启运，大赛资源转化的国家机制正式建立，以赛促学、促教、促改、促建的成效更加显著。

八、鲁班工坊建设

大赛是中国职业教育对外展示办学成果的重要平台。以大赛为载体，与世界各国进行交流，分享中国的职业教育发展模式与经验，对中国职业教育走向世界起到积极推动作用。

鲁班工坊，是以中国职业教育领域的首个国家教学成果“特等奖”的核心内涵“工程实践创新项目（EPIP）”为教学模式，以中国教育部主导开发的国际化专业教学标准为基本依据，以全国职业院校技能大赛（国赛）优质赛项装备为主要载体，以师资培训先行及教材教学资源为必要保障，以项目场地、技术装备、师资培训、专业标准、教材开发“五到位”为重要标志，在中国境外创建的实施学历教育和技术培训的实体化合作机构。

“鲁班工坊”品牌的成功创设，并非一蹴而就，而是经过长期探索、累积孕育，其中由大赛发展衍生成熟的EPIP教学模式、国际化专业教学标准、国赛优质教学装备、系列教材与资源都是建设“鲁班工坊”的核心要素和重要支撑。

“自动化生产线安装与调试”竞赛标准已经被越南、菲律宾等东盟十国采纳，成为东盟技能大赛的正式指定赛项，并从2010年的第八届东盟技能大赛开始，至2018年第十二届东盟技能大赛，连续5届设置该赛项。2014年10月，第十届东盟技能大赛在越南河内市举行，来自菲律宾、越南、马来西亚、新加坡、印度尼西亚、泰国、老挝、柬埔寨、缅甸、文莱等东盟十国的近300名选手参加了25个赛项的技能比赛。其中，除“Industrial Automation（工业自动化）”赛项完全采用“自动化生产线安装与调试”的竞赛装备和竞赛标准外，“CNC Maintenance（数控维修）”赛项也完全采用我国大赛“数控机床装配、调试与维修”赛项的竞赛装备和竞赛标准。

除赛项的竞赛标准和竞赛内容国际化输出之外，赛项的另一项“软标准”——教学资源的输出，标志着中国职业教育具备了成体系输出的实力。自2008年开始，职业院校开发了《自动化生产线安装与调试》等中英文版教程和教学资源，这是中国第一套结合大赛赛项的国际化教材，获得了联合国教科文组织和德国国际继续教育与发展协会的高度赞赏，被东盟很多国家作为实践培训教材引进，成为东盟国家技能竞赛和教学培训的重要服务支撑。

2012 年，在第九届中国—东盟博览会期间，教育部和广西壮族自治区人民政府以“发展职业教育，繁荣区域经济”为主题，首次联合举办了 2012 中国—东盟职业教育联展活动。展会期间，东盟国家教育部门代表高度评价中国与东盟职业教育的合作，一致认为，大赛训练装备和国际化教材的成功开发，标志着中国职业教育的“软”“硬”资源成为中国职业教育与世界分享的品牌性载体。

2013 年 4 月，泰国公主诗琳通访问中国，考察职业教育，推动泰国职业教育与天津开展交流合作。考察期间，诗琳通公主获赠《自动化生产线安装与调试》英文版教学资源，她高兴地表示希望加强与中国职业教育的交流合作，这也助推了首批全日制机电一体化技术专业留学生项目在天津实施。

2013 年第六届大赛期间，作为大赛同期活动之一的第二届“自动化工程实践创新国际挑战赛”在天津拉开帷幕。大赛成果转化的教学资源英文版，推进了中国职业教育的国际化进程，为各国职业教育教学与培训资源的交流搭建了对话平台。可以说，全国职业院校技能大赛的标准体系，不但全国通行，还获得了国际上的广泛认可；不仅被印度、巴西等新兴经济体直接采用，也被欧盟、东盟、美洲、非洲等世界各地借鉴，成为职业竞技“金标准”“强实力”……

2018 年 5 月，孙春兰在天津考察大赛“智能电梯装调与维护”竞赛现场，并在“鲁班工坊建设 · 体验馆”仔细参观了国际化教学资源建设成果，认真倾听各个项目建设进展，接见各国项目建设团队，充分肯定项目建设，希望鲁班工坊建设坚持服务大局，坚守内涵要义，保持建设质量，助力“一带一路”。

经过 5 年建设，在泰国、英国、印度、印度尼西亚、巴基斯坦、柬埔寨、葡萄牙、吉布提、肯尼亚、南非、马里、尼日利亚、埃及、科特迪瓦、乌干达、马达加斯加和埃塞俄比亚 17 个国家已经建成 18 个“鲁班工坊”，辐射亚洲、欧洲、非洲，全面完成了习近平主席 2018 年提出“在非洲建设 10 个鲁班工坊”的国家任务。围绕 EPIP 教学模式，42 个国际化专业在境外落地，其中 75% 以上的实习实训设备均使用国赛优质装备；由中方教师主导，中外教师共同开发的双语教材近百套，已有机电一体化技术、数控技术、新能源技术、物联网应用技术、动车组检修技术、铁道信号自动控制、铁道工程技术、铁道交通运营与管理、物流服务与管理、商贸专业等近 30 个国际化专业教学标准、全部专业综合实践课程，获得合作国教育部门、相关机构或合作院校评估认证，纳入其国民教育体系。

凭借国赛的丰硕成果与国际影响，鲁班工坊成为中国职业教育国际知名品牌，成为推进“一带一路”的国家战略。

第二篇

国赛历程

普通教育有高考，职业教育有大赛。

按照《国务院关于大力发展职业教育的决定》关于“定期开展全国性的职业技能竞赛活动”的要求，2008年，教育部、天津市人民政府、人力资源和社会保障部、农业部、国务院扶贫办、住房和城乡建设部、交通运输部、工业和信息化部、中华全国总工会、共青团中央和中华职业教育社11家单位于6月27日～30日在天津市举办了首届全国职业院校技能大赛。

时任中共中央政治局委员、国务委员刘延东，中共中央政治局委员、天津市委书记张高丽等领导出席大赛开幕式；时任全国人大常委会副委员长陈至立、教育部部长周济出席大赛闭幕式。来自37个省、自治区、直辖市、新疆生产建设兵团和计划单列市的2 000余名选手参加了竞赛项目的角逐。首届全国职业院校技能大赛，是当时中国职业教育规模和影响力最大、规格最高、专业覆盖面最广、类别最齐全的大赛；初步形成了“普通教育有高考，职业教育有大赛”的局面，它是我国教育工作的一项重大制度创新设计，也是新时期职业教育改革与发展的重要推进器。

一、起航远行

本书主要描述2008年至2019年的十二届次大赛，依照天津一城、主分共举和周赛并线为时段主轴，将这十二届次大赛分为前四届、中四届和近（后）四届，全面展现了大赛发展壮大的历史进程。

2008年～2011年的“前四届”大赛，天津作为大赛唯一举办城市，为大赛成功举办做出了重大贡献，创造性落实了国家对于“职业教育有大赛”这项制度设计，实现了大赛的从无到有，从有到优，使大赛制度落地生根，开花结果。

1. 2008 **年全国职业院校技能大赛**

2008年6月27日～30日，由教育部、天津市人民政府、人力资源和社会保障部、农业部、国务院扶贫办、住房和城乡建设部、交通运输部、工业和信息化部、中华全国总工会、共青团中央、中华职业教育社11家单位共同主办的首届全国职业院校技能大赛在天津举行。来自37个省、自治区、直辖市、新疆生产建设兵团和计划单列市的2 080名参赛选手进行10个专业类别的24个竞赛项目的比赛。

2008 年 6 月 27 日，首届大赛在天津南开大学体育馆开幕。时任中共中央政治局委员、国务委员刘延东，中共中央政治局委员、天津市委书记张高丽共同为大赛启幕，标志着中国的国赛制度正式拉开了帷幕。时任教育部部长周济在开幕式上作了讲话。开幕式上进行了“拥抱未来”的文艺展演。

2008 年中国职业教育改革与发展高峰论坛、第六届全国职业教育现代技术装备展览会在天津同期举行。

2008 年 6 月 30 日，大赛在天津落下帷幕，时任全国人大常委会副委员长陈至立，教育部部长周济等出席，闭幕式由时任天津市副市长张俊芳主持。

2. 2009 年全国职业院校技能大赛

2009 年 6 月 27 日～30 日，由教育部、天津市人民政府、人力资源和社会保障部、住房和城乡建设部、交通运输部、农业部、国务院扶贫办、中华全国总工会、共青团中央、中华职业教育社 10 家单位共同主办的第二届全国职业院校技能大赛在天津隆重开幕，来自 37 个省、自治区、直辖市、新疆生产建设兵团和计划单列市的 3 045 名选手参加了 12 个专业类别 35 项比赛。6 月 26 日，时任中共中央政治局委员、国务委员刘延东视察竞赛活动，勉励师生以优异的成绩迎接中华人民共和国成立 60 周年。

全国中等职业学校德育工作会议、第七届全国职业教育现代技术装备及教材展览会在天津同期举行。

2009 年 6 月 30 日，大赛在天津大礼堂落下帷幕，时任中共中央政治局委员、天津市委书记张高丽，全国政协副主席张榕明，教育部部长周济，教育部副部长鲁昕等出席，闭幕式由时任天津市副市长张俊芳主持。

3. 2010 年全国职业院校技能大赛

2010 年 6 月 25 日～27 日，由教育部、天津市人民政府、人力资源和社会保障部、工业和信息化部、住房和城乡建设部、交通运输部、农业部、文化部、卫生部、国务院扶贫办、中华全国总工会、共青团中央、中华职业教育社、中国职业技术教育学会、中国机械工业联合会、中国物流与采购联合会 16 家单位共同主办的第三届全国职业院校技能大赛在天津隆重举行。来自 37 个省、自治区、直辖市、新疆生产建设兵团和计划单列市的 4 084 名选手参加了 14 个专业类别的 42 项比赛。

全国中等职业学校德育工作表彰会暨经验交流会、首届中国天津职业教育国际论坛、2010 年全国中等职业学校学生技能作品展洽会、全国职业院校学生文艺作品调演晚会、第八届全国职业教育现代技术装备展览会、2010 年全国职业院校技能大赛高职组参赛选手观摩及现场招聘会 6 项活动在天津同期举行。

2010 年 6 月 27 日，大赛在天津大礼堂落下帷幕，时任中共中央政治局委员、国务委员刘延东，中共中央政治局委员、天津市委书记张高丽，全国政协副主席、民建中央第一副主席张榕明，教育部部长袁贵仁等出席，袁贵仁部长发表讲话，闭幕式由时任教育部副部长鲁昕主持。

4. 2011 **年全国职业院校技能大赛**

2011 年 6 月 24 日～ 27 日，由教育部、天津市人民政府、人力资源和社会保障部、工业和信息化部、住房和城乡建设部、交通运输部、农业部、文化部、卫生部、国务院扶贫办、中华全国总工会、共青团中央、中华职业教育社、中国职业技术教育学会、中国机械工业联合会、中国物流与采购联合会 16 家单位共同主办的第四届全国职业院校技能大赛在天津举行。来自 37 个省、自治区、直辖市、新疆生产建设兵团和计划单列市的 5 038 名选手参加了 16 个专业类别 55 项比赛。

2011 年全国职业院校学生技能作品展洽会、2011 年民族地区职业院校学生才艺展示、职业教育改革发展暨国家示范高职院校建设四周年成果展示会、第九届全国职业教育现代技术装备暨职业教育创新教材展览会、“永远跟党走”职业学校育人事迹报告会、促进中等和高等职业教育协调发展座谈会、2011 年全国职业院校技能大赛获奖选手招聘会、全国职业教育科研工作会议、“永远跟党走”民族地区职业院校学生才艺汇报演出、东西部职业教育合作办学签约仪式 10 项活动在天津同期举行。

2011 年 6 月 27 日，大赛在天津大礼堂落下帷幕，时任中共中央政治局委员、国务委员刘延东出席闭幕式并讲话，时任中共中央政治局委员、天津市委书记张高丽，全国政协副主席张榕明等出席，闭幕式由时任教育部副部长鲁昕主持。

二、主分共举

2012 年～ 2015 年的四届大赛（中四届），在成功举办“前四届”的基础上，推进了大赛成果的辐射，进入到拓展举办城市阶段。2012 年大赛预备会上，教育部正式提出设置分赛区的改革思路，大赛形成主 - 分赛区的办赛格局，实现大赛从小到大。

1. 2012 年全国职业院校技能大赛

2012 年 6 月 26 日～ 29 日，由教育部、天津市人民政府、工业和信息化部、财政部、人力资源和社会保障部、住房和城乡建设部、交通运输部、农业部、文化部、卫生部、国务院国有资产监督管理委员会、国家旅游局、国家中医药管理局、国务院扶贫办、中华全国总工会、共青团中央、中华职业教育社、中国职业技术教育学会、中华全国供销合作总社、中国机械工业联合会、中国有色金属工业协会、中国石油和化学工业联合会、中国物流与采购联合会23家单位联合主办的第五届全国职业院校技能大赛在天津主赛区和江苏、山东、山西、吉林、浙江、安徽、河南、贵州、广东、河北10个分赛区全面展开，全国9 018名选手参加了18个专业类别的96项比赛。

全国职业院校德育创新暨校园文化建设工作座谈会、2012年民族地区职业院校教学成果展演、2012年全国职业院校学生技能作品展洽会、2012年全国职业院校技能大赛参赛选手招聘会4项活动在天津同期举行。

2012年6月29日，大赛闭幕式暨颁奖仪式在天津海河教育园区体育馆举行，时任中共中央政治局委员、国务委员刘延东致信祝贺。时任中共中央政治局委员、天津市委书记张高丽，全国政协副主席、中华职业教育社理事长张榕明，教育部副部长鲁昕等出席，鲁昕副部长发表讲话，闭幕式由时任天津市副市长张俊芳主持。

2. 2013年全国职业院校技能大赛

2013年5月25日～6月28日，由教育部、天津市人民政府、科学技术部、工业和信息化部、国家民族事务委员会、民政部、财政部、人力资源和社会保障部、国土资源部、环境保护部、住房和城乡建设部、交通运输部、水利部、农业部、商务部、文化部、国务院国有资产监督管理委员会、国家旅游局、国家测绘地理信息局、国家中医药管理局、国务院扶贫开发领导小组办公室、中华全国总工会、共青团中央、中华职业教育社、中国职业技术教育学会、中华全国供销合作总社、中国机械工业联合会、中国有色金属工业协会、中国石油和化学工业联合会、中国物流与采购联合会、中国纺织工业联合会共31家单位联合主办的第六届全国职业院校技能大赛在天津主赛区和江苏、山东、山西、吉林、浙江、安徽、河南、贵州、广东、河北、甘肃、福建、广西、宁波、大连15个分赛区陆续展开，全国共有9 171名选手参加了15个专业类别100项比赛。

全国职业院校技能大赛成果展、“我的中国梦”主题演讲会、全国职业院校学生技能作品展洽会、第十一届全国职业教育现代技术装备展览会、全国职业院校技能大赛获奖选手招聘会、2013年民族地区职业院校学生技艺比赛展演6项活动在天津同步举行。

2013年6月28日，大赛闭幕式在天津海河教育园区体育馆举行。时任中共中央政治局委员、国务院副总理刘延东出席闭幕大会并讲话。时任中共中央政治局委员、天津市委书记孙春兰，全国政协副主席王正伟等出席，闭幕式由时任教育部副部长鲁昕主持。

3. 2014 年全国职业院校技能大赛

2014 年 5 月 31 日～6 月 27 日，由教育部、天津市人民政府、科学技术部、工业和信息化部、国家民族事务委员会、民政部、财政部、人力资源和社会保障部、国土资源部、环境保护部、住房和城乡建设部、交通运输部、水利部、农业部、商务部、文化部、国务院国有资产监督管理委员会、国家旅游局、国家测绘地理信息局、国家中医药管理局、国务院扶贫开发领导小组办公室、中华全国总工会、共青团中央、中华职业教育社、中国职业技术教育学会、中华全国供销合作总社、中国机械工业联合会、中国有色金属工业协会、中国石油和化学工业联合会、中国物流与采购联合会、中国纺织工业联合会 31 家单位联合主办的第七届全国职业院校技能大赛在天津主赛区和北京、山西、吉林、江苏、浙江、安徽、山东、河南、广东、重庆、甘肃、广西 12 个分赛区举行，全国共有 9 843 名选手参加了 14 个专业类别的 94 项比赛。

全国职教系统培育和践行社会主义核心价值观座谈会、中英职业教育“影子校长”圆桌会、2014 年全国职业院校技能大赛参赛选手就业洽谈会、2014年中华优秀传统文化技艺表演赛4项活动在天津同期举行。

2014年6月27日，大赛闭幕式在天津海河教育园区体育馆举行。时任中共中央政治局委员、天津市委书记孙春兰，中华职业教育社理事长张榕明，教育部部长袁贵仁，教育部副部长鲁昕等出席，袁贵仁部长发表讲话，闭幕式由时任教育部副部长鲁昕主持。

4. 2015年全国职业院校技能大赛

2015年7月2日～7月4日，由教育部、天津市人民政府、科学技术部、工业和信息化部、国家民族事务委员会、民政部、财政部、人力资源和社会保障部、国土资源部、环境保护部、住房和城乡建设部、交通运输部、水利部、农业部、商务部、文化部、国务院国有资产监督管理委员会、国家旅游局、国家测绘地理信息局、国家中医药管理局、国务院扶贫开发领导小组办公室、中华全国总工会、共青团中央、中华职业教育社、中国职业技术教育学会、中华全国供销合作总社、中国机械工业联合会、中国有色金属工业协会、中国石油和化学工业联合会、中国物流与采购联合会、中国纺织工业联合会31家单位联合主办的第八届全国职业院校技能大赛在天津主赛区和北京、江苏、山东、山西、吉林、浙江、安徽、河南、贵州、广东、河北、甘肃、广西、重庆、湖北、青岛 16 分赛区举行，来自全国 10 939 名选手参加了 15 个专业类别的 98 项比赛。

贯彻落实《中等职业学校德育大纲（2014 年修订）》座谈会、现代学徒制国际研讨会、2015 年全国职业院校技能大赛参赛选手就业洽谈会、职业院校国际化专业教学成果分享活动、职业教育现代技术装备及教材演示说明活动、全国职业院校技能大赛博物馆参观活动、全国职业院校学生技术技能创新成果交流赛、“口腔医学技术”表演赛、2015 年中华优秀文化传统艺术表演赛 9 项活动在天津同期举行。

2015 年 7 月 4 日，大赛闭幕式在天津海河教育园区体育馆举行，时任中共中央政治局委员、国务院副总理刘延东出席闭幕式并发表讲话，全国政协副主席、中华职业教育社副理事长马培华，教育部部长袁贵仁，教育部副部长鲁昕等出席，闭幕式由时任教育部部长袁贵仁主持。大赛期间，刘延东副总理考察全国职业院校技能大赛博物馆，见证教育部与天津市政府签署“国家现代职业教育改革创新示范区”协议。

2015 年 7 月 4 日，在天津海河教育园区青年职业学院（现为天津职业大学海河园校区）举行全国职业教育改革试验区（示范区）联盟成立大会暨联盟理事会第一次会议。时任教育部职业教育与成人教育司司长葛道凯、巡视员王继平、刘宝民、刘宏杰及全国

10+1职业教育改革试验区、示范区的负责同志出席。成立大会上，葛道凯、王继平、刘宏杰先后就联盟工作意义、工作内容及工作重点进行了部署并宣布联盟成立。联盟全体成员审议通过《联盟章程》，并推举吕景泉出任联盟理事长。联盟各成员单位汇报了各试验区职业教育改革发展的情况。会上，教育部职业技术教育中心研究所、中国现代职业教育网有关同志介绍了职业教育评估和联盟网络信息共享宣传平台建设情况。

三、周赛并线

2016年～2019年的四届大赛（近四届），在“前四届”“中四届”的良好发展基础之上，大赛作为重要内容整体并入职业教育活动周，大赛同期活动更加丰富多彩，整体赛事吸引力和影响力得以全面增强，人才培养、产教融合、社会服务、国际合作、职继协同、普职融通等功能更加凸显，实现了大赛从大到强。

1. 2016年全国职业院校技能大赛

2016年5月8日～6月8日，由教育部、天津市人民政府、国家发展和改革委员会、科学技术部、工业和信息化部、国家民族事务委员会、民政部、财政部、人力资源和社会保障部、国土资源部、环境保护部、住房和城乡建设部、交通运输部、水利部、农业部、商务部、文化部、国家卫生和计划生育委员会、国务院国有资产监督管理委员会、国家安全生产监督管理总局、国家旅游局、国家粮食局、国家测绘地理信息局、中国民用航空局、国家中医药管理局、国务院扶贫开发领导小组办公室、中华全国总工会、共青团中央、中华职业教育社、中国职业技术教育学会、中华全国供销合作总社、中国机械工业联合会、中国有色金属工业协会、中国石油和化学工业联合会、中国物流与采购联合会、中国纺织工业联合会、中国煤炭工业协会37家单位联合主办的第九届全国职业院校技能大赛在天津主赛区和北京、江苏、山东、山西、吉林、浙江、安徽、河南、广东、甘肃、福建、重庆、湖北、宁波、青岛15个分赛区举行，来自全国的12 042名选手参加了17个专业类别94项比赛。

2016年中华优秀文化传统艺术表演赛、首届中国职教现代化论坛暨第二届全国职业教育科研院（所）联席会议、第五届自动化生产线安装与调试国际挑战赛、现代学徒制实践成果分享会、高职院校国际化专业教学成果交流赛、2016年电脑鼠走迷宫巅峰对决国际邀请赛、2016年工程实践创新项目东盟六国及津台两地交流研讨活动、“国赛”对接“市赛”——第三届职业院校国际赛事研讨会、“聚焦创新创业、引领人才发展”——创新创业英才大讲坛、“同在一片蓝天、携手共创梦想”——民族地区学生职业技能展示、京津冀协同发展现代职业教育·智能制造产教对接会、京津冀协同发展现代职业教育·食品安全与营养产教对接会、京津冀协同发展现代职业教育·养老服务产教对接会、全国职业院校技能大赛参赛选手就业洽谈会、“走进百年老号、感受精湛技艺”——中华老字号企业开放体验、“大赛点亮人生、技能成就梦想”——全国职业院校技能大赛博物馆参观活动、特色“生态文化、海洋文化、制造文化、商务文化”体验游、“传承鲁班精神、感受匠人匠心”——中华优秀传统文化百姓大讲堂 18 项活动在天津同期举办。

2018 年 5 月 8 日，职业教育活动周全国启动仪式暨大赛开幕式在天津海河教育园区天津机电职业技术学院体育馆举行，时任中共中央政治局委员、国务院副总理刘延东出席并发表讲话，时任全国政协副主席罗富和、教育部部长袁贵仁等出席，开幕式由时任教育部部长袁贵仁主持。

大赛开幕式之前，时任教育部副部长朱之文和天津市副市长曹小红共同为国字号建设项目“国家职业教育中西部地区师资培训中心”揭牌启运。

2. 2017 年全国职业院校技能大赛

2017 年 5 月 8 日～6 月 29 日，由教育部、天津市人民政府、国家发展和改革委员会、科学技术部、工业和信息化部、国家民族事务委员会、民政部、财政部、人力资源和社会保障部、国土资源部、环境保护部、住房和城乡建设部、交通运输部、水利部、农业部、商务部、文化部、国家卫生和计划生育委员会、国务院国有资产监督管理委员会、国家安全生产监督管理总局、国家旅游局、国家粮食局、国家测绘地理信息局、中国民用航空局、国家中医药管理局、国务院扶贫开发领导小组办公室、中华全国总工会、共青团中央、中华职业教育社、中国职业技术教育学会、中华全国供销合作总社、中国机械工业联合会、中国有色金属工业协会、中国石油和化学工业联合会、中国物流与采购联合会、中国纺织工业联合会、中国煤炭工业协会37家单位联合主办的第十届全国职业院校技能大赛在天津主赛区和吉林、江苏、浙江、安徽、福建、江西、山东、河南、湖北、湖南、广东、广西、重庆、四川、贵州、云南、陕西、甘肃和青岛19个分赛区举行，来自全国的13 922名选手参加了81个常规赛项和4个行业特色赛项的比赛。

中华优秀文化传统艺术表演赛、“精彩十年”——全国职业院校技能大赛成果参观活动、“中国制造2025”现代职业教育·装备制造业产教对接会——暨京津冀现代制造业职教集团成立大会、“脱贫攻坚·职教帮扶”协同创新发展论坛——国家示范区职业教育东西部协作行动计划建设展示、“一带一路”现代职业教育“鲁班工坊”国际交流活动——国家示范区职业教育国际化进程成果展示、“职继协同、双周推动”服务终身学习职教集团十年建设展示——暨国家现代职业教育改革创新示范区建设推动会、全国职业院校技能大赛获奖选手就业洽谈会、第六届自动化生产线安装与调试国际挑战赛、职业教育国际研讨会、2017 年电脑鼠走迷宫（IEEE）国际邀请赛、安教乐道 · 现代职业教育之品——暨天津职业院校推进“五风建设”交流会、全国无人机应用技术军民融合发展论坛、中泰职业教育活动周（渤海）暨中国 · 东盟职业院校学生作品展、京津冀中职学校“餐饮服务”学生技能大赛、“我与大赛的故事”——全国职业院校技能大赛获奖师生优秀事迹分享会、京津冀中职学校“会计电算化”教师技能大赛、“国赛”对接“世赛”——第四届职业院校国际赛事合作交流研讨会、“弘扬工匠精神、振兴民族品牌”——津门老字号企业走进大赛产品展示活动、国际化专业教学标准课堂教学竞赛、天津市城郊职业教育集团成立大会 20 项活动在天津同期举行。

2017 年 5 月 8 日，职业教育活动周全国启动仪式暨大赛开幕式在天津海河教育园区体育馆举行。开幕式前，中共中央政治局常委、国务院总理李克强为第十届全国职业院校技能大赛做出重要批示。时任中共中央政治局委员、国务院副总理刘延东出席开幕式，传达李克强总理重要批示并发表讲话。中共中央政治局委员、天津市委书记李鸿忠，教育部部长陈宝生，时任天津市市长王东峰，教育部副部长李晓红等出席，开幕式由教育部部长陈宝生主持。

大赛开幕式之前，刘延东副总理参观大赛“精彩十年”成就展，接见历届大赛获奖师生、合作企业代表，之后又参观“一带一路”现代职业教育“鲁班工坊”建设纪实展，与鲁班工坊建设团队成员亲切交流并对“鲁班工坊”给予充分肯定。

2017 年 5 月 7 日，时任教育部副部长李晓红和天津市副市长曹小红在天津海河教育园区天津商务职业学院国赛博物馆，共同为“全国职业院校技能大赛成果转化中心”“国家职业教育教学资源开发与制作中心”两个国字号建设项目揭牌启运。

3. 2018 **年全国职业院校技能大赛**

2018 年 5 月 6 日～6 月 30 日，由教育部、天津市人民政府、国家发展和改革委员会、科学技术部、工业和信息化部、国家民族事务委员会、民政部、财政部、人力资源和社会保障部、自然资源部、生态环境部、住房和城乡建设部、交通运输部、水利部、农业农村部、商务部、文化和旅游部、国家卫生健康委员会、应急管理部、国务院国有资产监督管理委员会、国家粮食和物资储备局、中国民用航空局、国家中医药管理局、国务院扶贫开发领导小组办公室、中华全国总工会、共青团中央、中华职业教育社、中国职业技术教育学会、中华全国供销合作总社、中国机械工业联合会、中国有色金属工业协会、中国石油和化学工业联合会、中国物流与采购联合会、中国纺织工业联合会、中国煤炭工业协会 35 家单位联合主办的第十一届全国职业院校技能大赛在天津主赛区和北京、山西、内蒙古、辽宁、吉林、江苏、浙江、安徽、福建、山东、河南、湖北、湖南、广东、重庆、四川、云南、陕西、甘肃、宁夏、青岛、宁波 22 个分赛区举行。来自全国的 15 625 名选手参加了 74 个（按小项计为 76 个）常规赛项，8 个行业特色赛项。

中华优秀传统文化艺术表演赛、改革开放 40 年中国职业教育成就展、“一带一路”职业教育鲁班工坊建设纪实展、“脱贫攻坚·职教帮扶”职教东西协作成果展示、“职继协同·双周推动”构建学习型城市成果展示、全国职业院校技能大赛博物馆展示交流活动、“国赛”对接“世赛”——第五届职业院校国际赛事合作交流研讨会、2018 年职业教育国际研讨会、“姜大源教育名家工作室”揭牌仪式暨职业教育名家高峰论坛、“中国制造 2025”先进装备制造业产教对接高峰论坛、EPIP 国际教育联盟论坛、“安教乐道”职业院校师德师风建设研讨活动、京津冀职业教育教学协同发展联盟天津论坛、京津冀职业院校思政课程教学成果交流展示、“传承班墨文化”青少年职业生涯开蒙仪式、职业教育国际化专业教学标准建设成果展示和体验、京津冀“现代物流”专业对接产业峰会暨智慧物流展示活动、全国职业院校技能大赛获奖选手就业洽谈会、“脱贫攻坚·职教帮扶”第二届东西协同创新发展论坛、全国职业院校信息化教学大赛获奖教师技艺技能展示、“一带一路”职业教育金属冶炼专业国际交流展示等20项活动在天津同期举行。

2018年5月6日，职业教育活动周全国启动仪式暨大赛开幕式在天津海河教育园区体育馆举行，中共中央政治局委员、国务院副总理孙春兰出席并发表讲话。中共中央政治局委员、天津市委书记李鸿忠，教育部部长陈宝生，时任天津市市长张国清，教育部副部长孙尧等出席，开幕式由教育部部长陈宝生主持。

大赛开幕式之后，中共中央政治局委员、国务院副总理孙春兰视察鲁班工坊建设·体验馆，接见泰国、英国、印度、巴基斯坦、柬埔寨、吉布提等“鲁班工坊”中外建设团队，她指出，借助鲁班工坊这一载体将中国职业技术传播到国外，服务“一带一路”倡议，值得充分肯定。

大赛开幕式之前，在天津海河教育园区天津轻工职业技术学院，教育部副部长孙尧和天津市委常委、市委宣传部部长陈浙闽共同为“国家职业教育质量研究中心”国字号建设项目揭牌启运。

4. 2019 **年全国职业院校技能大赛**

2019 年 5 月 6 日～6 月 30 日，由教育部、天津市人民政府、国家发展和改革委员会、科学技术部、工业和信息化部、国家民族事务委员会、民政部、财政部、人力资源和社会保障部、自然资源部、生态环境部、住房和城乡建设部、交通运输部、水利部、农业农村部、商务部、文化和旅游部、国家卫生健康委员会、应急管理部、国务院国有资产监督管理委员会、国家粮食和物资储备局、中国民用航空局、国家中医药管理局、国务院扶贫开发领导小组办公室、中华全国总工会、共青团中央、中华职业教育社、中国职业技术教育学会、中华全国供销合作总社、中国机械工业联合会、中国有色金属工业协会、中国石油和化学工业联合会、中国物流与采购联合会、中国纺织工业联合会、中国煤炭工业协会 35 家单位联合主办的第十二届全国职业院校技能大赛在天津主赛区和北京、山西、内蒙古、吉林、江苏、浙江、安徽、福建、山东、河南、湖北、湖南、广东、广西、重庆、贵州、云南、陕西、甘肃、宁夏、青岛 21 个分赛区举行，来自全国 17 450 名选手参加了 86 个常规赛项，5 个行业特色赛项。

国家现代职业教育改革创新示范区思想政治教育实践基地体验活动、“安教乐道 · 铸魂育人”、国家级教学成果奖交流展示和推广应用活动、《国家职业教育改革实施方案》座谈会、首届全国1+X证书制度高峰论坛——“产业、行业、企业、职业、专业”五业联动对接会、“人工智能背景下展望职业教育未来”五业联动高端讲堂、京津冀协同发展“现代服务业”产教对接会暨“人工智能+现代物流”技术产品展示活动、瑞士GF模具产业学院揭牌仪式及精密制造校企合作成果展示、“鲁班工坊”与产教融合国际论坛、鲁班工坊建设·体验馆观摩活动、第三届“EPIP工程实践创新项目”国际教育论坛、2019第四届IEEE电脑鼠走迷宫国际邀请赛暨2020年世界APEC电脑鼠大赛中国选拔赛、第八届自动化生产线安装与调试国际邀请赛、学前教育国际化专业教学标准交流展示活动、“脱贫攻坚·职教帮扶”工作纪实展、京津冀地区ARE企业模拟经营挑战赛、终身学习成果综合展示体验活动、“职继协同 优质发展 推动学习型城区建设”城市职教集团建设展示、全国职业院校技能大赛博物馆综合体验活动、“传承班墨文化”——“学子归叙发展、亲子悟劳动美”普职融通教育活动、创意城市 设计之都——优秀艺术应用技术设计作品展、弘扬工匠精神 助力创新发展——第二届“匠心·创新”论坛、安全·知识·科技——安全教育基地综合体验活动、全国职业院校技能大赛获奖选手就业洽谈会24项活动在天津同期举行。

四、职教活动周

2015 年 4 月 17 日，国务院决定将每年 5 月第二周设为“职业教育活动周”。这是贯彻落实习近平总书记重要指示和全国职业教育工作会议精神的重要举措；是加快发展现代职业教育，提升职业教育社会影响力的重要制度设计；是弘扬劳动光荣、技能宝贵、创造伟大的时代风尚，营造良好社会氛围的重要平台。

中共中央政治局常委、国务院总理李克强作出重要批示，批示指出：加快发展现代职业教育，是发挥我国巨大人力优势，促进大众创业、万众创新的战略之举。“职业教育活动周”的设立，目的是要在全社会弘扬劳动光荣、技能宝贵、创造伟大的时代风尚，形成“崇尚一技之长、不唯学历凭能力”的良好氛围。要坚持以提高质量、促进就业、服务发展为导向，注重改革创新，深化产教融合，推动职业教育发展实现新跨越，进一步培养形成高素质的劳动大军，进一步提高中国制造和服务的水平，进一步增强产业国际竞争力，促进经济保持中高速增长、迈向中高端水平和民生不断改善。

首届职业教育活动周由教育部主办，时间为 2015 年 5 月 11 日～ 17 日，活动主题为“发展职业教育 成就出彩人生”。5 月

10日上午，首届“职业教育活动周”在北京交通运输职业院校举行全国启动仪式，时任中共中央政治局委员、国务院副总理刘延东出席启动仪式并讲话。

2016年第二届职业教育活动周由教育部、中央宣传部、人力资源社会保障部3家单位共同主办，时间为5月8日～14日，活动主题为“弘扬工匠精神 打造技能强国”，启动仪式于5月8日在天津机电职业技术学院举行，并与第九届全国职业院校技能大赛开幕式同时同地举办，自此，形成“周赛并线”格局。时任中共中央政治局委员、国务院副总理刘延东出席并讲话。

2017年职业教育活动周由教育部、中央宣传部、人力资源社会保障部、工业和信息化部、共青团中央、中华职业教育社6家单位共同主办，时间为5月7日～13日，活动主题为“共筑职教梦 喜迎十九大”，启动仪式于5月8日在天津举行，时任中共中央政治局委员、国务院副总理刘延东出席并讲话。

2018年职业教育活动周由教育部、中央宣传部、中央网信办、人力资源社会保障部、工业和信息化部、农业农村部、中华全国总工会、共青团中央、中华职业教育社9家单位共同主办，时间为5月6日～12日，活动主题为“职教改革四十年 产教融合育工匠”，启动仪式于5月6日在天津举行，中共中央政治局委员、国务院副总理孙春兰出席并讲话。

2019年职业教育活动周由教育部、中央宣传部、中央网信办、人力资源社会保障部、工业和信息化部、农业农村部、国资委、中华全国总工会、共青团中央、中华职业教育社10家单位共同主办，时间为5月6日～12日，活动主题为“迎祖国七十华诞 展职教时代风采”。

第三篇

国赛制度

《全国职业院校技能大赛章程》的发布，标志着大赛制度建设构架起稳定、完善、成熟的制度体系。

进入新时代以来，党中央高度重视制度建设，明确提出制度是国家发展的重要保障和有力支撑。

自2013年开始，大赛制度建设也进入快车道。教育部发布首个大赛发展规划《全国职业院校技能大赛三年规划（2013—2015年）》，标志着大赛举办逐步迈入制度化、规范化、专业化发展阶段。

随着大赛规模不断扩大，各项工作制度也在加快优化、完善。2012年大赛工作制度为7项；2013年增设4项，达到11项；2014年达到18项；2015年至2016年为19项及三个工作手册；从2017年第十届大赛起，大赛工作制度稳定在21项及三个工作手册；2018年，教育部印发《全国职业院校技能大赛章程》，标志着国赛制度建设方面构架起稳定、完善、成熟的制度体系。

一、顶层设计

多年来，教育部为大赛的制度化、常态化举办，结合实际需求出台了一系列建设文件。

2012 年，《教育部工作要点》要求各级部门要研究制定全国职业院校技能竞赛管理办法和改革方案，通过完善大赛制度，办好全国职业院校技能大赛。

2013 年，教育部印发《全国职业院校技能大赛三年规划（2013—2015 年）》，明确提出建立三级赛事制度，完善分赛区制度，标志着大赛举办和设计更加规范，更具前瞻性，整体步入规范化发展阶段。

2014 年，教育部印发《现代职业教育体系建设规划（2014—2020 年）》，进一步要求完善职业院校教学比赛制度，办好全国职业院校技能大赛，提升国际影响力，将学生比赛成绩作为升入高一级学校的重要依据。

2015 年，教育部印发《高等职业教育创新发展行动计划（2015—2018 年）》，强调办好全国职业院校技能大赛，推进全国职业院校技能大赛国际化。

2016年，教育部下发《关于征求〈全国职业院校技能大赛实施规划（2017—2020年）〉意见的函》，表明大赛在完成了第一个三年实施规划后，将步入一个更高水平的制度化发展阶段。

2017年，《教育部工作要点》要求完善以赛促教学改革机制，倡导大赛服务日常教学、服务专业建设。

2018年，教育部出台《全国职业院校技能大赛章程》，全面实施大赛制度化、常态化举办，对于大赛体系化建设、规范化管理具有重要和深远意义。

二、部市联动

天津作为大赛主赛区，天津市委、市政府高度重视大赛的顶层设计，自2005年开始，教育部与天津市人民政府连续启动三轮部市共建项目，分别是2005年启动共建的国家职业教育改革试验区，2010年启动共建的国家职业教育改革创新示范区，2015年启动共建的国家现代职业教育改革创新示范区。

2005年共建协议中明确提出，由天津市和教育部每两年举办一次全国职业院校学生职业技能大赛，邀请国内外知名企业积极参与。

2010 年共建协议中明确提出，把全国职业院校技能大赛打造成具有国际影响力的高技能人才展示平台，并将全国职业教育技能大赛主赛场列为建设重大项目。

2015 年共建协议中明确提出，加强全国职业院校技能大赛国际化环境建设，把大赛建设成为职业院校教学成果的展示中心、新技术新工艺新设备新技能的体验中心、产教融合校企合作的重要载体，提升大赛的国际参与度和影响力，成为我国参加世界技能大赛的培训基地并将全国职业教育技能大赛主赛场列为建设重大项目。

2016 年，天津市人民政府印发《关于加快发展现代职业教育的意见》，对提升国赛影响，推进大赛资源转化工作提出具体要求。

2018 年，作为落实全国教育大会精神的“先手棋”，天津市委办公厅、市政府办公厅印发《关于做大做强做优职业教育的八项举措》，其第五项举措“拓展职业院校技能大赛平台功能”，对于提升大赛主赛区工作进行整体规划设计，组织项目落地实施。

在国家政策引领下，大赛的制度建设已经成为中国职业教育的一项常态化工作；经过十余年磨炼，大赛制度建设成绩斐然，已经成为我国培育选拔高素质技术技能人才的重要保障。

三、探索实践

大赛是一项系统工程，涉及多个领域、众多行业、各个部门、许多地区、院校师生及社会各个方面。从办赛之初，教育部就高度重视大赛的体系化、规范化建设工作。

1. 组织机构体系建设

组织架构搭建，是大赛的一项核心工作。

2008 年首届大赛，教育部办公厅印发了《关于成立 2008 年全国职业院校技能大赛组织委员会和执行委员会的通知》，组织委员会主任由教育部部长和天津市市长担任，下设赛项执行委员会和天津市组织协调委员会等工作机构。

经过十二届次大赛的不断完善与持续发展，大赛形成了立体、多层、多维的四级组织结构，分别为大赛组织机构、分赛区组织机构、赛项组织机构、赛项承办院校组织机构，四级机构实行“统筹协调，分级管理”。

一是大赛组织机构，其包括大赛组织委员会和大赛执行委员会；分赛区组织机构，包括分赛区组织委员会和分赛区执行委员会；赛项组织机构，包括赛项执行委员会及专家工作组；赛项承办院校组织机构，包括学校成立的有关赛项组织、赛项实施、赛项保障的各个工作组。大赛组织机构是最高领导决策机构，分赛区组织机构、赛项组织机构、赛项承办院校组织机构在业务上接受大赛组织机构领导。各级竞赛机构相互配合、分工合作，确保了大赛各项工作的高效和有序。

二是三层体系框架，即国家层面大赛组织体系、地方竞赛组织体系和学校竞赛组织体系，构成覆盖全国、逐层组织的竞赛框架。大赛组织体系犹如一个立体有形的网络，网络中的每个结点位置清晰、功能明确。

2. 工作职能体系建设

工作职能的明确，是确保大赛顺利举办的根本。

十多年来，大赛由单项制度的制定，到 2018 年《全国职业院校技能大赛章程》发布，构建了覆盖全、层次多、规范明、职责清、操作易的技能大赛规范化职能体系，实现了大赛制度上的创新和突破，也为各级各类技能竞赛的体系建设提供了可借鉴、可复制的范本。

2013 年～ 2019 年的《全国职业院校技能大赛制度汇编》，逐步明确了各级组织机构的职责，对赛事相关工作进行全面、明确、具体的规定；《全国职业院校技能大赛三年规划（2013—2015 年）》、

《全国职业院校技能大赛实施规划（2017—2020年）》，明确了阶段性大赛的发展方向、主要任务和进度安排。

经过多年发展，到2017年第十届大赛，其规章制度已经发展到21项和3个工作手册，整体实现了组织机构与职能分工、赛项申报与遴选、赛项规程编制、赛项承办管理、参赛报名、赛题管理、成绩管理、专家和裁判工作管理、设备与设施管理、监督与仲裁管理、安全管理、经费管理、标识使用与管理、企业合作管理、赛项成果资源转化的全覆盖，提高了制度的完备性，强化了办赛的导向性，确保了大赛的规范运行，保证了公平、公正、公开。

聚焦大赛制度的具体内容，可以看出大赛对于事项、工作、环节和岗位等的规范化设计、把握和要求。在组织机构方面，明确了各组织层级之间的隶属关系和职责分工，确保大赛各个事项运转顺畅有序；在赛项申报方面，通过多项指标体系，建立相应退出机制，健全了申报遴选的工作闭环；在赛项承办方面，明确了主赛区、分赛区和承办院校的工作流程与任务，提升了赛事承办的质量；在参赛报名上，明确了参赛资格与组队方式，提升了赛事整体运行的效率；在赛题管理上，推进了竞赛试题全部或部分公开，提升大赛开放性；在成绩管理上，明确了赛项成绩产生过程的组织分工、过程评判、成绩评定、成绩登记与汇总、抽检复核、争议处理、留档备案、成绩使用等要求，确保大赛公平公正；

在裁判管理上，建立了裁判准入机制（推荐入库）、质量管理机制（岗前培训与赛后评价）、抽选回避机制；在监督仲裁机制上，强化了监督员、仲裁员职责，严明了纪律；在合作企业管理上，强化了合作企业的义务和纪律；在经费管理上，统筹管理大赛经费，明确了赛项执行委员会和承办院校的赛项经费使用和管理的责任主体，执行赛后项目审计；在大赛奖惩上，明确了获奖比例和有关工作人员的奖惩办法；在廉洁办赛上，印发了《全国职业院校技能大赛阳光廉洁办赛规定》。

3. 运行机制体系建设

运行机制，关系到大赛举办发展的方向。

2008 年大赛创设之初就确立了“政府搭台，市场运作”的运作思路。随着大赛不断发展，逐步建立起了“政府搭台、行业主导、企业支持、学校参与”的运行模式。大赛积极协调有关部委、行业机构、相关组织参与共同主办大赛，吸纳行业学会或协会参与，鼓励企业以各种形式参与大赛。各主办单位加强赛前的沟通协调和统筹，就比赛项目、竞赛方式等深入协商，形成了“校校有比赛，省市有选拔，国家有大赛”的职业教育技能大赛三级举办机制。从 2012 年第五届大赛起形成了“主 – 分赛区”的办赛格局，大赛辐射功能不断扩大，随着产教深度融合、校企深度合作逐步促进了从赛项立项、大赛组织、大赛实施到资源转化的良性运行机制形成。

十二届次大赛，主办单位从 2008 年第一届的 11 家，发展到 2017 年第十届的 37 家。国家机构改革后，2018 年、2019 年两届大赛主办单位稳定在 35 家。除教育部和天津市人民政府外，多家部委及行业协会的参加奠定了大赛的权威地位和规格层次，各部门联动有序、合作顺畅也确保了大赛整体运行。大赛赛区，从 2008 年的 1 个，发展到 2019 年的 22 个，除天津主赛场连续承办 12 届大赛外，有 24 个省、自治区和 3 个计划单列市相继承办大赛，其中吉林、江苏、浙江、安徽、山东、河南、广东 7 省承办过 8 届赛事；山西、甘肃两省承办过 7 届赛事；重庆承办过 6 届赛事；北京、福建、湖北、广西、贵州、青岛承办过 5 届赛事；湖南、云南、陕西、河北、宁波承办过 3 届赛事；内蒙古、宁夏、四川承办过 2 届赛事；辽宁、江西、大连承办过 1 届赛事。大赛承办学校从 2008 年的 10 个，发展到 2019 年的 85 个，越来越多的职业院校肩负起了承办国家级赛事的重任。大赛合作企业从 2008 年的 13 家，发展到 2019 年的 95 家。大赛吸引了华为、中兴、大众、通用、西门子、博世、三菱、大连机床、亚龙、天煌、联想等一批国内外著名企业的深度参与，使赛项平台直接与产业发展、行业指导、企业需求、技术升级、时代进步的最前沿无缝对接。

四、衍生发展

制度建设的目的是通过规范促进质量提升，大赛作为职业教育改革发展的一项创新制度设计，不仅在制度建设方面取得了突出成效，而且随着制度建设的不断深入，由规范化发展不断衍生出独特的职业教育大赛文化，在管理组织上，宣传理念上都体现出大赛的职业化、专业化。

作为大赛文化的组成部分，无论是大赛徽标、宣传海报，还是奖杯、证书、纪念物品、大赛手册、活动手册、大赛博物馆等，其设计理念始终与大赛宗旨相契合。

1. 主赛区专业化组织协调委员会

天津是大赛永久举办地和主赛区。

2008 年，中共天津市委员会、天津市人民政府印发《关于成立全国职业院校技能大赛天津市组织协调委员会的通知》，根据要求从 2008 年大赛开始，成立由分管教育市领导担任主任，全市 20 余家委办局参与的全国职业院校技能大赛组织协调委员会。其主要职责是负责大赛期间天津市承办单位的竞赛场地建设以及有关天津市行政区域内的舆论宣传、住宿接待、市容环境、交通安保、医疗救护、食品卫生、电力保障等方面的工作，指导大赛办公室做好资格证书审核、发放工作，并负责大赛组委会成员的对口接待工作。

2008 年首届大赛，天津市组织协调委员会办公室设在天津市教育委员会，同时设置 11 个工作组，分别是秘书组、接待组、新闻宣传组、安全保卫组、劳动准入和人才选拔组、市容环境组、交通口岸组、医疗卫生组、志愿者组、旅游酒店组、电力保障组，办公室主任由天津市教育委员会主任担任，各工作组组长由相关委办局领导担任。天津市组织协调委员会办公室又设置了 6 个工作小组，分别为“办公组、秘书处、竞赛组、后勤保障组、宣传组、招商组”，后经过职能整合调整为“秘书组、赛务组、接待组、财务组、安保组、宣传组”6 个工作小组。

秘书组负责各种会议的会务、会议记录、会议纪要，收集、整理各种文件，编印《大赛手册》《活动手册》《竞赛指南》，各种证件的印制与发放，赛务用品采购与保管，汇总大赛相关信息等；赛务组负责赛场建设、设备购置、安装调试等管理，各赛项报名汇总，赛务联络及管理，编制《竞赛指南》，成绩统计的确定与上报，获奖证书管理等；接待组负责协调各地代表团入住宾馆，接待各地代表团人员、教育部领导、工作人员、专家及评委、各部委领导等与会人员，接送站工作，车辆调度等；财务组负责大赛经费预算，各种费用支出，经费决算等；安保组负责入住宾馆、赛场及各种活动现场安全，食品卫生检疫等；宣传组负责大赛相关信息采集，新闻发布会召集，新闻素材整理，接待各类媒体等。各组分工明确、职责具体，结合具体工作均配有相应工作方案。

2. 主赛区“双周双赛”机制创新

2015 年，国务院设立职业教育活动周，从 2016 年起，大赛作为重要活动与职业教育活动周整体并轨，2016 年职业教育活动周全国启动仪式暨全国职业院校技能大赛开幕式在天津举行。此后职业教育活动周全国启动仪式和第十届、第十一届大赛开幕式也都在天津并线举行。2016 年，活动周启动仪式之后，时任中共中央政治局委员、国务院副总理刘延东视察天津广播电视大学，利用视频互动系统现场与各地区活动现场进行连线，了解活动周开展情况，与社区居民互动，同时观看了天津群众艺术馆、社区书法体验室、杨柳青年画馆等活动现场。自此“职继协同”理念在主赛区酝酿成型。

经过一年的系统设计，2017 年职教活动周期间，“职继协同、双周推动”服务终身学习职教集团十年建设展示——暨国家现代职业教育改革创新示范区建设推动会，其作为大赛同期的国家级重要活动在天津城市职业学院举行。之后，天津市教育委员会对

“职继协同 双周推动”进行多次部署安排，将“职业教育活动周期间举办全国职业院校技能大赛；全民终身学习活动周期间举办天津市职业院校技能大赛”作为一种制度，深度设计，固化强化，相得益彰，长期坚持，不断扩大“双周双赛”影响，有效促进了职业教育和继续教育协同协作，融合发展。同年 11 月，天津启动第十一届社区教育展示周暨 2017 年全民终身学习活动周与 2017 年天津市职业院校技能大赛暨 2018 年全国职业院校技能大赛选拔赛同期举办，自此之后，天津市始终坚持“职继协同 双周推动”的“双周双赛”机制。

2018 年，《职继协同，构建区域型职教集团，为建设学习型城区提供有效供给的创新实践》获得国家级教学成果奖一等奖。

3. 主赛区宣传与文化机制建设

办赛质量有保证，大赛决胜靠宣传。宣传工作对于大赛成功至关重要。

每届大赛，都是全国媒体聚焦职业教育时刻，各路媒体云集赛区，竞相报道职业院校技能选手风采。从 2016 年开始，在主赛区竞赛现场和活动现场总是活跃着两支极其特殊的宣传团队，他们就是由天津市组织协调委员会宣传组安排的职教宣传队和学生记者团。团队组建的初衷，就是要拓宽宣传视角，从学生和教师的视角去宣传和报道赛事和活动，丰富和补强媒体宣传报道视角和内容。

2016年，宣传团队将职业院校零散宣传资源和人员进行统筹整合，以学校宣传部专业人员为基础组建团队，各大赛承办单位为工作团队核心成员，外围选择职教活动周活动策划好的院校加入。赛前，团队每人均需设计宣传专题或宣传重点，使全体团队成员宣传报道更加有的放矢，更具针对性。学生记者团队以广播影视专业学生为核心，外围选择其他专业或学生社团有兴趣参与的学生，按照各院校的活动和方案分配参访任务，两支队伍的报道信息与主流媒体进行共享，形成宣传报道集锦上传信息中心、上报教育部，形成宣传平台矩阵。在“精彩十年”期间，45名教师组成的职教宣传队和130名学生组成的学生记者团，对大赛以及同期活动进行了为期一周的全方位、立体化、内涵性的跟踪报道，制作新闻视频20余个，新闻报道稿件160余篇，其中《烹饪大师走进天津青年职业学院秀“绝艺”》《舌尖上传承的“工匠精神”》《小人物 大匠心》等报道被多家媒体刊载。

2008年～2019年十二届大赛宣传海报设计各有特色，每届两张总计24张，每届其一是天津主赛区特色海报，以天津蓝为基调颜色，凸显时代技术技能符号，配以天津城市风貌等元素，主要目的是展示主赛区风采；其二是技能大赛宣传海报，其内在精神、宣传主旨是一贯的，就是要为莘莘学子锻造出一双双“技能的手”、“智慧的手”，弘扬劳动光荣、技能宝贵、创造伟大，以一技之长帮助他们开创出彩人生。

大赛颁发的奖杯、证书、纪念品和参赛选手统一穿着的队服，共同构成了丰富多样的大赛文化，见证着大赛一路走来的光辉历程，创造了全国职业院校技能大赛的文化氛围。

从广义上说，大赛文化可以分成有形文化与无形文化。有形文化属于文化中的硬件部分，如大赛徽标、海报、队服、奖杯、证书以及各种纪念品；大赛的宣传手册、画册，各类赛项指南、宣传的横幅、标语口号、媒体宣传；各种活动、展览、博物馆等。这些有形文化是实现大赛目的的载体和途径。比如大赛《活动手册》，从2016年职教活动周启动仪式在天津举办以来，整体设计逐步升级，手册整体内容更加权威翔实，编制更加精美细致，每届大赛开幕式都要作为重要文本材料提供给中央领导、各地代表及社会各界人员使用，主要内容除编制活动周、大赛和天津主赛区简介，赛项和活动指南等常规项目外，还根据年度特色插入天津国家示范区建设成果、职业院校特色活动精彩参观线路推荐等内容，温情有效地向使用者全方位展示大赛，同时借助《活动手册》达到了扩大影响的目的。

无形文化即精神文化，是指大赛渗透的价值观念、道德规范、行为准则、理念态度等，以及大赛对于选手、参加者的精神面貌、心理素质等所产生的潜移默化的影响。在文化建设中，精神文化是目的，是大赛文化的核心部分。大赛的精神文化随处可见，大赛现场秩序井然，比赛严格规范，裁判公正严明，选手团结协作，制度严谨创新，这本身传递的就是一种价值理念，一种文化氛围。精神文化不仅体现在赛场上，更延伸到赛场之外。师生们乐于参加大赛，因为大赛在职业院校内部促进了良好学习氛围的形成，参加大赛不只是为了获得荣誉、取得成绩，更重要的是可以利用这样的机会和各地院校师生交流经验。选手通过大赛了解企业发展最新动态，接触更新更前沿的技术水平和技术需求。大赛为广大职业院校的师生们、为职业教育工作者提供了一个展示自我、互相交流、提升价值的广阔平台和空间。

第四篇

国赛项目

以赛促学，以赛促教，以赛促改，以赛促建，赛建结合，重在建设。

首届全国职业院校技能大赛成功举办之后，天津市教育委员会联合职业院校，结合大赛助推职业教育改革的实践探索，“十一五”期间，成功立项国家社会科学基金规划课题“全国职业院校技能大赛对职业教育发展的影响力研究”，“十三五”期间，成功立项教育部重点课题“提升全国职业院校技能大赛国际影响的实践与机制研究”。

在教育部的领导与推动下，职业院校、行业企业多方联动，通过国赛的赛项建设，建立职业教育与行业、学校与企业长效合作机制，实现了专业与区域产业对接；建立专业设置、师资队伍、条件建设与企业发展有效互动机制，实施了专业动态调整、“双师”素质教师、“双师型”教学团队和综合实训基地高水平建设；建立核心课程、培养规格与职业标准高效对接机制，开发了技能大赛教学资源平台，引领和服务日常教学；建立技能人才培养与选拔的综合评价机制，探索了学生综合职业能力培养，引导了现代教学模式、教学组织形式、教学法的广泛应用。

赛项建设，是大赛的核心。

2008 年～ 2019 年的十二届次大赛，依照天津一城，主分共举和周赛并线为时段主轴，将这十二届大赛分为前四届（2008 年～ 2011 年）、中四届（2012 年～ 2015 年）和近（后）四届（2016 年～ 2019 年）。

一、“前四届”竞赛项目

1. 2008 年国赛赛项设置

2008 年 6 月 27 日～ 30 日，由教育部、天津市人民政府、人力资源和社会保障部、农业部、国务院扶贫办、住房和城乡建设部、交通运输部、工业和信息化部、中华全国总工会、共青团中央、中华职业教育社 11 家单位共同主办的首届全国职业院校技能大赛在天津举行。来自 37 个省、自治区、直辖市、计划单列市和新疆生产建设兵团的 2 080 名参赛选手进行 10 个专业类别的 24 个竞赛项目的比赛（见表 4–1）。

表 4-1　2008 年全国职业院校技能大赛赛项设置情况

序号	组别	专业类别	赛项名称	承办赛区	承办单位
1	中职	计算机应用技术	动画片制作	天津	天津电子信息职业技术学院
2	中职	计算机应用技术	园区网互联及网站建设	天津	天津电子信息职业技术学院
3	中职	计算机应用技术	企业网络搭建及应用	天津	天津电子信息职业技术学院
4	中职	电工电子	电子产品装配与调试	天津	天津市南洋工业学校
5	中职	电工电子	机电一体化设备组装与调试	天津	天津市南洋工业学校

续表

序号	组别	专业类别	赛项名称	承办赛区	承办单位
6	中职	中餐烹饪	中餐热菜	天津	天津青年职业学院
7	中职	中餐烹饪	中餐面点	天津	天津青年职业学院
8	中职	中餐烹饪	中餐冷拼	天津	天津青年职业学院
9	中职	中餐烹饪	果蔬雕刻	天津	天津青年职业学院
10	中职	数控技术	数控车	天津	天津市机电工业学校
11	中职	数控技术	数控铣	天津	天津市机电工业学校
12	中职	汽车运用与维修	汽车维修基本技能	天津	天津交通职业学院
13	中职	汽车运用与维修	汽车二级维护	天津	天津交通职业学院
14	中职	服装设计制作与模特表演	女式夏季裙套装现场电脑样板制作与缝制	天津	南开区教育局
15	中职	服装设计制作与模特表演	中职学生模特表演	天津	天津青年职业学院
16	中职	美容美发	新娘化妆	天津	和平区教育局
17	中职	美容美发	有缝推剪吹风造型	天津	和平区教育局
18	中职	美容美发	女长发晚宴发型	天津	和平区教育局
19	中职	美容美发	卷杠	天津	和平区教育局
20	中职	美容美发	女式中发翻翘	天津	和平区教育局
21	高职	数控技术	产品部件的数控编程、加工与装配	天津	天津机电职业技术学院
22	高职	模具设计与制造	注塑模具CAD与主要零件加工	天津	天津轻工职业技术学院
23	高职	机电一体化	自动化生产线安装与调试	天津	天津机电职业技术学院
24	高职	机电一体化	机器人	天津	天津中德职业技术学院

2. 2009 年国赛赛项设置

2009 年 6 月 27 日～30 日，由教育部、天津市人民政府、人力资源和社会保障部、住房和城乡建设部、交通运输部、农业部、国务院扶贫办、中华全国总工会、共青团中央、中华职业教育社 10 家单位共同主办的第二届全国职业院校技能大赛在天津隆重举行，来自 37 个省、自治区、直辖市和新疆生产建设兵团、计划单列市的 3 045 名选手参加了 12 个专业大类 35 项比赛（见表 4–2）。

表 4-2　2009 年全国职业院校技能大赛赛项设置情况

序号	组别	专业类别	赛项名称	承办赛区	承办单位
1	中职	计算机应用技术	企业网搭建及应用	天津	天津市第一商业学校
2	中职	计算机应用技术	园区网互联及网站建设	天津	天津市第一商业学校
3	中职	计算机应用技术	动画片制作	天津	天津市第一商业学校
4	中职	计算机应用技术	网络综合布线技术	天津	天津市第一商业学校
5	中职	数控技术	数控车工	天津	天津市机电工业学校
6	中职	数控技术	数控铣工	天津	天津市机电工业学校
7	中职	数控技术	加工中心 / 数控车团队	天津	天津市机电工业学校
8	中职	数控技术	车工	天津	天津市机电工业学校
9	中职	数控技术	钳工	天津	天津市机电工业学校
10	中职	电工电子	电子产品装配与调试	天津	天津市南洋工业学校
11	中职	电工电子	机电一体化设备组装与调试	天津	天津市南洋工业学校
12	中职	电工电子	单片机控制装置安装与调试	天津	天津市南洋工业学校
13	中职	电工电子	制冷与空调设备组装与调试	天津	天津市南洋工业学校
14	中职	中餐烹饪	中餐热菜	天津	天津青年职业学院
15	中职	中餐烹饪	中餐面点	天津	天津青年职业学院

续表

序号	组别	专业类别	赛项名称	承办赛区	承办单位
16	中职	中餐烹饪	中餐冷拼	天津	天津青年职业学院
17	中职	中餐烹饪	果蔬雕刻	天津	天津青年职业学院
18	中职	汽车运用与维修	汽车二级维护作业团体赛	天津	天津交通职业学院
19	中职	汽车运用与维修	汽车维修基本技能	天津	天津交通职业学院
20	中职	汽车运用与维修	车身修复（钣金）	天津	天津交通职业学院
21	中职	汽车运用与维修	车身涂装（涂漆）	天津	天津交通职业学院
22	中职	服装设计制作与模特表演	女式休闲上装（夹里）现场电脑样板制作与缝制	天津	南开区教育局
23	中职	服装设计制作与模特表演	中职学生模特表演	天津	天津市北辰区中等职业技术学校
24	中职	美容美发	板寸推剪造型	天津	天津市红星职业中等专业学校
25	中职	美容美发	女式盘发造型	天津	天津市红星职业中等专业学校
26	中职	美容美发	直发碎剪造型	天津	天津市红星职业中等专业学校
27	中职	美容美发	女士中发翻翘发式	天津	天津市红星职业中等专业学校
28	中职	美容美发	新娘化妆整体造型	天津	天津市红星职业中等专业学校
29	中职	美容美发	晚宴化妆	天津	天津市红星职业中等专业学校
30	中职	建筑工程技术	工程测量	天津	天津国土资源和房屋职业学院
31	中职	建筑工程技术	工程算量	天津	天津国土资源和房屋职业学院
32	高职	机电设备	数控机床装配、调试与维修	天津	天津机电职业技术学院
33	高职	机械设计与制造	产品造型设计及快速成型	天津	天津轻工职业技术学院
34	高职	通信	3G 基站建设维护及数据网组建	天津	天津职业大学
35	高职	电子信息	电子产品设计及制作	天津	天津电子信息职业技术学院

3. 2010 年国赛赛项设置

2010 年 6 月 25 日～ 27 日，由教育部、天津市人民政府、人力资源和社会保障部、工业和信息化部、住房和城乡建设部、交通运输部、农业部、文化部、卫生部、国务院扶贫办、中华全国总工会、共青团中央、中华职业教育社、中国职业技术教育学会、中国机械工业联合会、中国物流与采购联合会 16 家单位共同主办的第三届全国职业院校技能大赛在天津隆重举行。来自 37 个省、自治区、直辖市和新疆生产建设兵团、计划单列市的 4 084 名选手参加了 14 个专业类别的 42 项比赛（见表 4–3）。

表 4-3 2010 年全国职业院校技能大赛赛项设置情况

序号	组别	专业类别	赛项名称	承办赛区	承办单位
1	中职	计算机应用技术	网络综合布线技术	天津	天津市第一商业学校
2	中职	计算机应用技术	数字影视后期制作技术	天津	天津市第一商业学校
3	中职	计算机应用技术	工业产品设计（CAD）技术	天津	天津市第一商业学校
4	中职	电工电子	电子产品装配与调试	天津	天津市南洋工业学校
5	中职	电工电子	机电一体化设备组装与调试	天津	天津市南洋工业学校
6	中职	电工电子	单片机控制装置安装与调试	天津	天津市南洋工业学校
7	中职	电工电子	制冷与空调设备组装与调试	天津	天津市南洋工业学校
8	中职	中餐烹饪	中餐热菜	天津	天津青年职业学院
9	中职	中餐烹饪	中餐面点	天津	天津青年职业学院

续表

序号	组别	专业类别	赛项名称	承办赛区	承办单位
10	中职	中餐烹饪	中餐冷拼	天津	天津青年职业学院
11	中职	中餐烹饪	果蔬雕刻	天津	天津青年职业学院
12	中职	数控技术	数控车工	天津	天津市机电工业学校
13	中职	数控技术	数控铣工	天津	天津市机电工业学校
14	中职	数控技术	加工中心 / 数控车团队	天津	天津市机电工业学校
15	中职	数控技术	车工	天津	天津市机电工业学校
16	中职	数控技术	装配钳工	天津	天津市机电工业学校
17	中职	汽车运用与维修	汽车二级维护作业（含四轮定位）	天津	天津市东丽区职业教育中心学校
18	中职	汽车运用与维修	汽车维修基本技能	天津	天津市东丽区职业教育中心学校
19	中职	汽车运用与维修	车身修复（钣金）	天津	天津市东丽区职业教育中心学校
20	中职	汽车运用与维修	车身涂装（涂漆）	天津	天津市东丽区职业教育中心学校
21	中职	服装设计制作与模特表演	时尚合体女式上衣款式设计与立体造型	天津	天津市慧翔职业中等专业学校
22	中职	服装设计制作与模特表演	女式时尚休闲上衣 CAD 板型制作与缝制	天津	天津市慧翔职业中等专业学校
23	中职	服装设计制作与模特表演	中职学生模特表演	天津	天津市北辰区中等职业技术学校
24	中职	建筑工程技术	工程测量	天津	天津国土资源与房屋职业学院
25	中职	建筑工程技术	工程算量	天津	天津国土资源与房屋职业学院
26	中职	建筑工程技术	楼宇智能化系统安装与调试	天津	天津国土资源与房屋职业学院
27	中职	美容美发	板寸推剪造型	天津	天津市红星职业中等专业学校
28	中职	美容美发	女士中发翻翘发式	天津	天津市红星职业中等专业学校
29	中职	美容美发	新娘形象设计造型	天津	天津市红星职业中等专业学校
30	中职	美容美发	晚宴整体造型设计	天津	天津市红星职业中等专业学校

续表

序号	组别	专业类别	赛项名称	承办赛区	承办单位
31	中职	物流技能	进出库作业	天津	天津市物资贸易学校
32	中职	农业技能	种子质量检测	江苏	江苏农林职业技术学院
33	中职	农业技能	动物外科手术	江苏	江苏农林职业技术学院
34	中职	农业技能	艺术插花	江苏	江苏农林职业技术学院
35	中职	农业技能	农机具修理	江苏	江苏农林职业技术学院
36	高职	建筑楼宇	楼宇智能化系统安装与调试	天津	天津中德职业技术学院
37	高职	数控技术	复杂部件造型、多轴联动编程与加工	天津	天津机电职业技术学院
38	高职	模具	零部件3D测量与制造	天津	天津轻工职业技术学院
39	高职	汽车技术	汽车维修与故障排除	天津	天津交通职业学院
40	高职	计算机技术	计算机网络组建与安全维护	天津	天津电子信息职业学院
41	高职	电子设计	嵌入式产品开发	天津	天津电子信息职业学院
42	高职	现代物流	储配方案的设计与执行	天津	天津交通职业学院

4. 2011年国赛赛项设置

2011年6月24日～27日，由教育部、天津市人民政府、人力资源和社会保障部、工业和信息化部、住房和城乡建设部、交通运输部、农业部、文化部、卫生部、国务院扶贫办、中华全国总工会、共青团中央、中华职业教育社、中国职业技术教育学会、中国机械工业联合会、中国物流与采购联合会16家单位共同主办的第四届全国职业院校技能大赛在天津举行。来自37个省、自治区、直辖市、新疆生产建设兵团和计划单列市的 5 038 名选手参加了 16 个专业类别 55 项比赛（见表 4–4）。

表 4-4 2011 年全国职业院校技能大赛赛项设置情况

序号	组别	专业类别	赛项名称	承办赛区	承办单位
1	中职	信息技术类	企业网搭建与应用	天津	天津市仪表无线电工业学校
2	中职	财经商贸类	电子商务	天津	天津市仪表无线电工业学校
3	中职	信息技术类	数字影音后期制作	天津	天津市仪表无线电工业学校
4	中职	信息技术类	工业产品设计（CAD）技术	天津	天津市仪表无线电工业学校
5	中职	加工制造类	电子产品装配与调试	天津	天津市南洋工业学校
6	中职	加工制造类	机电一体化设备组装与调试	天津	天津市南洋工业学校
7	中职	加工制造类	单片机控制装置安装与调试	天津	天津市南洋工业学校
8	中职	加工制造类	制冷与空调设备组装与调试	天津	天津市南洋工业学校
9	中职	加工制造类	电气安装与维修	天津	天津市南洋工业学校
10	中职	旅游服务类	中餐热菜	天津	天津青年职业学院
11	中职	旅游服务类	中餐面点	天津	天津青年职业学院
12	中职	旅游服务类	中餐冷拼	天津	天津青年职业学院
13	中职	旅游服务类	果蔬雕刻	天津	天津青年职业学院
14	中职	加工制造类	数控车工	天津	天津市机电工业学校
15	中职	加工制造类	数控铣工	天津	天津市机电工业学校
16	中职	加工制造类	加工中心 / 数控车团队	天津	天津市机电工业学校
17	中职	加工制造类	车工	天津	天津市机电工业学校
18	中职	加工制造类	装配钳工	天津	天津市机电工业学校
19	中职	加工制造类	数控机床装调与维修	天津	天津市机电工业学校

续表

序号	组别	专业类别	赛项名称	承办赛区	承办单位
20	中职	加工制造类	焊工	天津	天津市机电工业学校
21	中职	交通运输类	汽车二级维护作业和车轮定位	天津	天津市东丽区职业教育中心学校
22	中职	交通运输类	汽车维修基本技能	天津	天津市东丽区职业教育中心学校
23	中职	交通运输类	车身修复（钣金）	天津	天津市东丽区职业教育中心学校
24	中职	交通运输类	车身涂装（涂漆）	天津	天津市东丽区职业教育中心学校
25	中职	轻纺食品类	女式春夏时尚成衣款式设计、立体造型与纸样修正	天津	南开区教育局（天津市慧翔职业中等专业学校）
26	中职	轻纺食品类	服装 CAD 板型制作、放码与女式时尚合体样衣（夹里）缝制	天津	南开区教育局（天津市慧翔职业中等专业学校）
27	中职	轻纺食品类	中职学生模特服装表演	天津	北辰教育局（天津市北辰区中等职业学校）
28	中职	轻纺食品类	中职学生平面模特展示	天津	北辰教育局（天津市北辰区中等职业学校）
29	中职	土木水利类	工程算量	天津	天津国土资源和房屋职业学院
30	中职	土木水利类	楼宇智能化（安防布线调试）	天津	天津国土资源和房屋职业学院
31	中职	土木水利类	建筑 CAD	天津	天津国土资源和房屋职业学院
32	中职	土木水利类	建筑设备安装与调控	天津	天津国土资源和房屋职业学院
33	中职	休闲保健类	男士无缝推剪造型	天津	天津市红星职业中等专业学校
34	中职	休闲保健类	女士中长翻翘	天津	天津市红星职业中等专业学校

续表

序号	组别	专业类别	赛项名称	承办赛区	承办单位
35	中职	休闲保健类	新娘化妆、盘发整体造型	天津	天津市红星职业中等专业学校
36	中职	休闲保健类	晚宴化妆、发型设计造型	天津	天津市红星职业中等专业学校
37	中职	财经商贸类	现代物流中心作业	天津	天津市物资贸易学校
38	中职	财经商贸类	叉车操作	天津	天津市物资贸易学校
39	中职	财经商贸类	物流单证	天津	天津市物资贸易学校
40	中职	农林牧渔类	种子质量检测	江苏	江苏农林职业技术学院
41	中职	农林牧渔类	动物外科手术	江苏	江苏农林职业技术学院
42	中职	农林牧渔类	园林植物修剪	江苏	江苏农林职业技术学院
43	中职	农林牧渔类	农机具修理	江苏	江苏农林职业技术学院
44	中职	财经商贸类	会计实务	山东	山东潍坊商业学校
45	中职	医药卫生类	护理操作	江苏	南京市卫生局（南京卫生学校）
46	高职	制造大类	机器人	天津	天津中德职业技术学院
47	高职	制造大类	机械部件创新设计与制造	天津	天津机电职业技术学院
48	高职	制造大类	光伏发电系统安装与调试	天津	天津轻工职业技术学院
49	高职	电子信息大类	三网融合与网络优化	天津	天津电子信息职业技术学院
50	高职	电子信息大类	芯片级检测维修与信息服务	天津	天津现代职业技术学院
51	高职	电子信息大类	信息安全技术应用	天津	天津电子信息职业技术学院
52	高职	文化教育大类	英语口语	天津	天津对外经济贸易职业学院 天津中德职业技术学院
53	高职	农林牧渔大类	植物组织培养	江苏	江苏农林职业技术学院

续表

序号	组别	专业类别	赛项名称	承办赛区	承办单位
54	高职	农林牧渔大类	新城疫抗体测定	江苏	江苏农林职业技术学院
55	高职	农林牧渔大类	农机具维修	江苏	江苏农林职业技术学院

二、“中四届”竞赛项目

1. 2012 年国赛赛项设置

2012 年 6 月 26 日～ 29 日，由教育部、天津市人民政府、工业和信息化部、财政部、人力资源和社会保障部、住房和城乡建设部、交通运输部、农业部、文化部、卫生部、国务院国有资产监督管理委员会、国家旅游局、国家中医药管理局、国务院扶贫办、中华全国总工会、共青团中央、中华职业教育社、中国职业技术教育学会、中华全国供销合作总社、中国机械工业联合会、中国有色金属工业协会、中国石油和化学工业联合会、中国物流与采购联合会 23 家单位联合主办的第五届全国职业院校技能大赛在天津主赛区和江苏、山东、山西、吉林、浙江、安徽、河南、贵州、广东、河北 10 个分赛区全面展开，全国 9 018 名选手参加了 18 个专业类别的 96 项比赛（见表 4–5）。

表 4-5　2012 年全国职业院校技能大赛赛项设置情况

序号	组别	专业类别	赛项名称	承办赛区	承办单位
1	中职	财经商贸类	会计技能	山东	山东省潍坊商业学校
2	中职	土木水利类	工程测量	天津	天津国土资源与房屋职业学院
3	中职	加工制造类	电工电子（电子产品装配与调试）	天津	天津市南洋工业学校
4	中职	加工制造类	电工电子（机电一体化设备组装与调试）	天津	天津市南洋工业学校
5	中职	加工制造类	电工电子（电气安装与维修）	天津	天津市南洋工业学校
6	中职	加工制造类	电工电子（单片机控制装置安装与调试）	天津	天津市南洋工业学校
7	中职	加工制造类	电工电子（制冷与空调设备组装与调试）	天津	天津市南洋工业学校
8	中职	交通运输类	汽车运用与维修（二级维护和车轮定位）	天津	天津市东丽区职业教育中心学校
9	中职	交通运输类	汽车运用与维修（汽车维修基本技能）	天津	天津市东丽区职业教育中心学校
10	中职	交通运输类	汽车运用与维修（车身修复（钣金））	天津	天津市东丽区职业教育中心学校
11	中职	交通运输类	汽车运用与维修（车身涂装（涂漆））	天津	天津市东丽区职业教育中心学校
12	中职	交通运输类	汽车运用与维修（汽车空调维修）	天津	天津市东丽区职业教育中心学校
13	中职	旅游服务类	美发与形象设计（标准卷杠）	江苏	南京金陵中等专业学校
14	中职	旅游服务类	美发与形象设计（男士无缝推剪）	江苏	南京金陵中等专业学校
15	中职	旅游服务类	美发与形象设计（女士短发修剪）	江苏	南京金陵中等专业学校
16	中职	旅游服务类	美发与形象设计（新娘化妆·盘发造型）	江苏	南京金陵中等专业学校
17	中职	旅游服务类	美发与形象设计（晚宴化妆）	江苏	南京金陵中等专业学校

续表

序号	组别	专业类别	赛项名称	承办赛区	承办单位
18	中职	旅游服务类	酒店服务（中餐宴会摆台）	广东	广东省旅游职业技术学校
19	中职	旅游服务类	酒店服务（客房中式铺床）	广东	广东省旅游职业技术学校
20	中职	能源与新能源类	光伏发电设备安装与调试	天津	天津轻工职业技术学院
21	中职	农林牧渔类	种子质量检测	江苏	江苏农林职业技术学院
22	中职	农林牧渔类	艺术插花	江苏	江苏农林职业技术学院
23	中职	农林牧渔类	农机维修	江苏	江苏农林职业技术学院
24	中职	农林牧渔类	手工制茶	贵州	贵州省茶技术茶文化中等专业学校
25	中职	旅游服务类	烹饪（热菜）	江苏	扬州商务高等职业学校
26	中职	旅游服务类	烹饪（面点）	江苏	扬州商务高等职业学校
27	中职	旅游服务类	烹饪（冷拼）	江苏	扬州商务高等职业学校
28	中职	旅游服务类	烹饪（果蔬雕刻）	江苏	扬州商务高等职业学校
29	中职	轻纺食品类	服装设计与制作（女式春夏时尚连衣裙款式设计、立体造型）	江苏	南通市中等专业学校
30	中职	轻纺食品类	服装设计与制作（女式春夏品牌服装CAD板型制作、放码与样衣试制）	江苏	南通市中等专业学校
31	中职	石油化工类	化工仪表自动化	河北	河北化工医药职业技术学院
32	中职	石油化工类	化工生产技术	江苏	常州工程职业技术学院
33	中职	石油化工类	化工设备维修	江苏	南京化工职业技术学院
34	中职	石油化工类	工业分析检验	天津	天津渤海职业技术学院
35	中职	土木水利类	建筑设备安装与调控	天津	天津国土资源与房屋职业学院
36	中职	土木水利类	电梯维修保养	广东	广东清远市职业技术学校
37	中职	土木水利类	计算机辅助设计(建筑CAD)	天津	天津国土资源与房屋职业学院

续表

序号	组别	专业类别	赛项名称	承办赛区	承办单位
38	中职	财经商贸类	职业英语技能	天津	天津中德职业技术学院
39	中职	财经商贸类	现代物流（现代物流中心作业）	天津	天津市物资贸易学校
40	中职	财经商贸类	现代物流（叉车操作）	天津	天津市物资贸易学校
41	中职	财经商贸类	现代物流（物流单证）	天津	天津市物资贸易学校
42	中职	信息技术类	企业网搭建与应用	天津	天津市仪表无线电工业学校
43	中职	信息技术类	电子商务	天津	天津市仪表无线电工业学校
44	中职	信息技术类	计算机辅助设计（工业产品 CAD）	天津	天津市仪表无线电工业学校
45	中职	医药卫生类	护理技能	江苏	南京卫生学校
46	中职	医药卫生类	中药传统技能	山东	山东中医药高等专科学校
47	中职	加工制造类	机器人技术应用	广东	广东省顺德区胡锦超职业技术学校
48	中职	加工制造类	现代制造技术（车加工技术）	天津	天津市机电工业学校
49	中职	加工制造类	现代制造技术（焊接技术）	天津	天津市机电工业学校
50	中职	加工制造类	现代制造技术（数控车加工技术）	天津	天津市机电工业学校
51	中职	加工制造类	现代制造技术（数控铣加工技术）	天津	天津市机电工业学校
52	中职	加工制造类	现代制造技术（数控综合加工技术）	天津	天津市机电工业学校
53	中职	加工制造类	现代制造技术（机械装配技术）	天津	天津市机电工业学校
54	中职	加工制造类	现代制造技术（数控车床装调与维修技术）	天津	天津市机电工业学校
55	中职	资源环境类	煤矿安全（综采电气维修）	安徽	安徽矿业职业技术学院
56	中职	资源环境类	煤矿安全（采掘机电维修）	安徽	安徽矿业职业技术学院
57	中职	资源环境类	煤矿安全（煤矿瓦斯检查）	安徽	安徽矿业职业技术学院
58	高职	财经大类	会计技能	山西	山西省财政税务专科学校
59	高职	资源开发与测绘大类	测绘测量	河南	河南工业职业技术学院

续表

序号	组别	专业类别	赛项名称	承办赛区	承办单位
60	高职	电子信息大类	电子产品设计与制作（基于 FPGA 技术）	天津	天津现代职业技术学院
61	高职	电子信息大类	电子产品检测与维修（芯片级）	天津	天津职业大学
62	高职	交通运输大类	汽车检测与维修	吉林	长春汽车工业高等专科学校
63	高职	交通运输大类	汽车营销	吉林	长春汽车工业高等专科学校
64	高职	旅游大类	中餐主题宴会设计	山东	山东旅游职业学院
65	高职	材料与能源大类	风光互补发电系统安装与调试	天津	天津轻工职业技术学院
66	高职	农林牧渔大类	植物组织培养	江苏	江苏农林职业技术学院
67	高职	农林牧渔大类	园林景观设计	江苏	江苏农林职业技术学院
68	高职	农林牧渔大类	新城疫抗体测定	江苏	江苏农林职业技术学院
69	高职	农林牧渔大类	农机维修	江苏	江苏农林职业技术学院
70	高职	农林牧渔大类	农产品质量安全检测	浙江	浙江经贸职业技术学院
71	高职	旅游大类	烹饪（宴席设计）	江苏	扬州商务高等职业学校
72	高职	旅游大类	烹饪（中餐热菜）	江苏	扬州商务高等职业学校
73	高职	旅游大类	烹饪（中餐面点）	江苏	扬州商务高等职业学校
74	高职	旅游大类	烹饪（中餐冷拼）	江苏	扬州商务高等职业学校
75	高职	旅游大类	服装设计	江苏	南通纺织职业技术学院
76	高职	财经大类	报关技能	天津	天津商务职业学院
77	高职	生化与药品大类	化工仪表自动化	河北	河北化工医药职业技术学院
78	高职	生化与药品大类	化工生产技术	江苏	常州工程职业技术学院
79	高职	生化与药品大类	化工设备维修	江苏	南京化工职业技术学院
80	高职	生化与药品大类	工业分析检验	天津	天津渤海职业技术学院
81	高职	土建大类	智能电梯装调与维护	天津	天津中德职业技术学院
82	高职	文化教育大类	英语口语	天津	天津中德职业技术学院
83	高职	电子信息大类	物联网技术应用	天津	天津现代职业技术学院

续表

序号	组别	专业类别	赛项名称	承办赛区	承办单位
84	高职	财经大类	现代物流储存与配送作业优化设计和实施	天津	天津交通职业学院
85	高职	电子信息大类	计算机网络应用	天津	天津电子信息职业技术学院
86	高职	电子信息大类	信息安全管理与评估	天津	天津电子信息职业技术学院
87	高职	医药卫生大类	护理技能	天津	天津医学高等专科学校
88	高职	医药卫生大类	中药传统技能	山东	山东中医药高等专科学校
89	高职	制造大类	自动化生产线安装与调试	天津	天津中德职业技术学院
90	高职	制造大类	机器人技术应用	广东	顺德职业技术学院
91	高职	制造大类	工业产品造型设计与快速成型	天津	天津职业大学
92	高职	制造大类	数控机床装调、维修与升级改造	天津	天津机电职业技术学院
93	高职	制造大类	楼宇自动化系统安装与调试	浙江	浙江机电职业技术学院
94	高职	资源开发与测绘大类	水环境监测与治理技术	天津	天津渤海职业技术学院
95	高职	资源开发与测绘大类	煤矿安全（综采电气维修）	安徽	安徽矿业职业技术学院
96	高职	资源开发与测绘大类	煤矿安全（煤矿瓦斯检查）	安徽	安徽矿业职业技术学院

2. 2013 年国赛赛项设置

2013 年 5 月 25 日～6 月 28 日，由教育部、天津市人民政府、科学技术部、工业和信息化部、国家民族事务委员会、民政部、财政部、人力资源和社会保障部、国土资源部、环境保护部、住房和城乡建设部、交通运输部、水利部、农业部、商务部、文化部、国务院国有资产监督管理委员会、国家旅游局、国家测绘地理信息局、国家中医药管理局、国务院扶贫开发领导小组办公室、中华全国总工会、共青团中央、中华职业教育社、中国职业技术教育学会、中华全国供销合作总社、中国机械工业联合会、中国有色金属工业协会、中国石油和化学工业联合会、中国物流与采购联合会、中国纺织工业联合会共31家单位联合主办的第六届全国职业院校技能大赛在天津主赛区和江苏、山东、山西、吉林、浙江、安徽、河南、贵州、广东、河北、宁波、大连、甘肃、福建、广西15个分赛区陆续展开，全国共有9 171名选手参加了15个专业类别100项比赛（见表4–6）。

表4-6　2013年全国职业院校技能大赛赛项设置情况

序号	组别	专业类别	赛项名称	承办赛区	承办单位
1	中职	财经商贸类	会计技能（会计手工）	山东	山东省潍坊商业学校
2	中职	财经商贸类	会计技能（会计电算化）	山东	山东省潍坊商业学校
3	中职	财经商贸类	电子商务	天津	天津市仪表无线电工业学校
4	中职	信息技术类	动漫	广西	南宁学院
5	中职	信息技术类	智能家居安装维护	江苏	无锡机电高等职业技术学校
6	中职	信息技术类	计算机辅助设计	广西	南宁学院
7	中职	信息技术类	计算机硬件检测维修	天津	天津市仪表无线电工业学校
8	中职	信息技术类	网络布线	天津	天津市仪表无线电工业学校
9	中职	信息技术类	网络搭建及应用	天津	天津市仪表无线电工业学校
10	中职	加工制造类	单片机控制装置安装与调试	天津	天津市南洋工业学校

续表

序号	组别	专业类别	赛项名称	承办赛区	承办单位
11	中职	加工制造类	电梯维修保养	广东	广东清远市职业技术学校
12	中职	加工制造类	液压与气动系统装调与维护	浙江	浙江机电职业技术学院
13	中职	加工制造类	电气安装与维修	天津	天津市南洋工业学校
14	中职	加工制造类	焊接技术	天津	天津市机电工业学校
15	中职	加工制造类	机电一体化设备组装与调试	天津	天津市南洋工业学校
16	中职	加工制造类	模具制造技术	山东	诸城市福田汽车职业中等专业学校
17	中职	加工制造类	数控车加工技术	天津	天津市机电工业学校
18	中职	加工制造类	数控铣加工技术	天津	天津市机电工业学校
19	中职	加工制造类	制冷与空调设备组装与调试	天津	天津市南洋工业学校
20	中职	交通运输类	汽车运用与维修（二级维护和车轮定位）	江苏	江苏省无锡汽车工程中等专业学校
21	中职	交通运输类	汽车运用与维修（汽车维修基本技能）	江苏	江苏省无锡汽车工程中等专业学校
22	中职	交通运输类	汽车运用与维修(车身修复(钣金))	江苏	江苏省无锡汽车工程中等专业学校
23	中职	交通运输类	汽车运用与维修（车身涂装（涂漆））	江苏	江苏省无锡汽车工程中等专业学校
24	中职	交通运输类	汽车运用与维修（汽车空调维修）	江苏	江苏省无锡汽车工程中等专业学校
25	中职	旅游服务类	烹饪（热菜）	江苏	扬州商务高等职业学校
26	中职	旅游服务类	烹饪（面点）	江苏	扬州商务高等职业学校
27	中职	旅游服务类	烹饪（冷拼与雕刻）	江苏	扬州商务高等职业学校
28	中职	旅游服务类	酒店服务（中餐宴会摆台）	广东	广东省旅游职业技术学校
29	中职	旅游服务类	酒店服务（客房中式铺床）	广东	广东省旅游职业技术学校
30	中职	能源与新能源类	光伏发电设备安装与调试	天津	天津轻工职业技术学院

续表

序号	组别	专业类别	赛项名称	承办赛区	承办单位
31	中职	农林牧渔类	手工制茶（手工扁形绿茶）	贵州	贵州省茶技术茶文化中等专业学校
32	中职	农林牧渔类	手工制茶（手工卷曲形绿茶）	贵州	贵州省茶技术茶文化中等专业学校
33	中职	农林牧渔类	手工制茶（手工青茶）	贵州	贵州省茶技术茶文化中等专业学校
34	中职	农林牧渔类	手工制茶（手工红条茶）	贵州	贵州省茶技术茶文化中等专业学校
35	中职	轻纺食品类	服装设计与工艺（女式时尚成衣款式、纸样设计与立体造型）	江苏	南通中等专业学校
36	中职	轻纺食品类	服装设计与工艺（女式品牌服装手工纸样制作、剪裁配伍与样衣试制）	江苏	南通中等专业学校
37	中职	石油化工类	化工设备维修	江苏	南京化工职业技术学院
38	中职	石油化工类	化工生产技术	江苏	常州工程职业技术学院
39	中职	石油化工类	化工仪表自动化	河北	河北化工医药职业技术学院
40	中职	石油化工类	工业分析检验	天津	天津渤海职业技术学院
41	中职	土木水利类	建筑装饰技能	天津	天津国土资源与房屋管理职业学院
42	中职	土木水利类	楼宇智能化系统安装与调试	天津	天津国土资源与房屋管理职业学院
43	中职	文化教育类	职业英语技能(服务类专业组)	宁波	宁波外事学校
44	中职	文化教育类	职业英语技能(其他类专业组)	宁波	宁波外事学校
45	中职	文化教育类	数字影音后期制作技术	天津	天津市仪表无线电工业学校
46	中职	医药卫生类	中药传统技能	江苏	连云港中医药高等职业技术学校
47	中职	医药卫生类	护理技能	江苏	南京卫生学校
48	中职	文化艺术类	艺术专业技能	江苏	江苏省戏剧学校

续表

序号	组别	专业类别	赛项名称	承办赛区	承办单位
49	中职	文化艺术类	民族地区技艺（艺术比赛）	天津	天津海运职业学院
50	高职	艺术设计传媒大类	民族地区技艺（技艺比赛）	天津	天津海运职业学院
51	高职	财经大类	会计技能	山西	山西财政税务专科学校
52	高职	财经大类	现代物流储存与配送作业优化设计和实施	天津	天津交通职业学院
53	高职	电子信息大类	LTE 组网与维护	江苏	常州信息职业技术学院
54	高职	电子信息大类	移动互联网应用软件开发	大连	大连东软信息学院
55	高职	电子信息大类	电子产品设计及制作	天津	天津现代职业技术学院
56	高职	电子信息大类	计算机网络应用	天津	天津电子职业技术学院
57	高职	电子信息大类	物联网技术应用	天津	天津现代职业技术学院
58	高职	电子信息大类	信息安全技术应用	天津	天津电子职业技术学院
59	高职	电子信息大类	移动互联技术应用	天津	天津电子职业技术学院
60	高职	制造大类	机器人技术应用	安徽	安徽商贸职业技术学院
61	高职	制造大类	工业产品造型设计与快速成型	天津	天津职业大学
62	高职	制造大类	工业机械手与智能视觉系统应用	天津	天津机电职业技术学院
63	高职	制造大类	数控机床装配、调试与维修	天津	天津机电职业技术学院
64	高职	制造大类	智能电梯装调与维护	天津	天津中德职业技术学院
65	高职	制造大类	注塑模具 CAD 与主要零部件加工	天津	天津轻工职业技术学院
66	高职	制造大类	自动化生产线安装与调试	天津	天津中德职业技术学院
67	高职	交通运输大类	城市轨道交通运营与维护	江苏	南京铁道职业技术学院
68	高职	交通运输大类	汽车检测与维修（汽车自动变速器拆装与检测）	吉林	长春汽车工业高等专科学校
69	高职	交通运输大类	汽车检测与维修（汽车电气系统检修）	吉林	长春汽车工业高等专科学校

续表

序号	组别	专业类别	赛项名称	承办赛区	承办单位
70	高职	交通运输大类	汽车检测与维修（汽车故障诊断）	吉林	长春汽车工业高等专科学校
71	高职	交通运输大类	汽车检测与维修（汽车检测与维修综合技能）	吉林	长春汽车工业高等专科学校
72	高职	交通运输大类	汽车营销	吉林	长春汽车工业高等专科学校
73	高职	交通运输大类	飞机发动机拆装检测与维护技能	天津	天津中德职业技术学院
74	高职	旅游大类	中餐主题宴会设计	山东	山东旅游职业学院
75	高职	旅游大类	导游服务（普通话导游服务）	浙江	浙江旅游职业学院
76	高职	旅游大类	导游服务（英语导游服务）	浙江	浙江旅游职业学院
77	高职	旅游大类	西式宴会服务	江苏	南京旅游职业学院
78	高职	材料与能源大类	风光互补发电系统安装与调试	天津	天津轻工职业技术学院
79	高职	农林牧渔大类	中华茶艺技能	浙江	浙江经贸职业技术学院
80	高职	农林牧渔大类	农产品质量安全检测（蔬菜中有机磷类农药残留检测）	浙江	浙江经贸职业技术学院
81	高职	农林牧渔大类	农产品质量安全检测（畜禽肉中兽药残留检测）	浙江	浙江经贸职业技术学院
82	高职	农林牧渔大类	农产品质量安全检测（茶叶中重金属含量检测）	浙江	浙江经贸职业技术学院
83	高职	轻纺食品大类	服装设计与工艺（服装设计）	江苏	南通纺织职业技术学院
84	高职	轻纺食品大类	服装设计与工艺（服装制版与工艺技术）	江苏	南通纺织职业技术学院
85	高职	生化与药品大类	化工设备维修	江苏	南京化工职业技术学院
86	高职	生化与药品大类	化工生产技术	江苏	常州工程职业技术学院
87	高职	生化与药品大类	化工仪表自动化	河北	河北化工医药职业技术学院
88	高职	生化与药品大类	工业分析检验	天津	天津渤海职业技术学院
89	高职	生化与药品大类	精细化工生产技术	江苏	南京化工职业技术学院
90	高职	文化教育大类	英语口语（非英语专业组）	福建	漳州职业技术学院

续表

序号	组别	专业类别	赛项名称	承办赛区	承办单位
91	高职	文化教育大类	英语口语（英语专业组）	福建	漳州职业技术学院
92	高职	文化教育大类	文秘速录专业技能	天津	天津职业大学
93	高职	医药卫生大类	中药传统技能	江苏	连云港中医药高等职业技术学校
94	高职	艺术设计传媒大类	艺术专业技能（中国舞表演）	江苏	江苏省戏剧学校
95	高职	艺术设计传媒大类	艺术专业技能（声乐表演）	江苏	江苏省戏剧学校
96	高职	资源开发与测绘大类	选矿技术	甘肃	兰州资源环境职业技术学院
97	高职	资源开发与测绘大类	矿产地质勘查	甘肃	兰州资源环境职业技术学院
98	高职	资源开发与测绘大类	测绘测量（二等水准测量）	河南	河南工业职业技术学院
99	高职	资源开发与测绘大类	测绘测量(一级光电导线测量)	河南	河南工业职业技术学院
100	高职	资源开发与测绘大类	测绘测量（1 ∶ 500 数字测图）	河南	河南工业职业技术学院

3. 2014 年国赛赛项设置

2014 年 5 月 31 日～6 月 27 日，由教育部、天津市人民政府、科学技术部、工业和信息化部、国家民族事务委员会、民政部、财政部、人力资源和社会保障部、国土资源部、环境保护部、住房和城乡建设部、交通运输部、水利部、农业部、商务部、文化部、国务院国有资产监督管理委员会、国家旅游局、国家测绘地理信息局、国家中医药管理局、国务院扶贫开发领导小组办公室、中华全国总工会、共青团中央、中华职业教育社、中国职业技术教育学会、中华全国供销合作总社、中国机械工业联合会、中国有色金属工业协会、中国石油和化学工业联合会、中国物流与采购联合会、中国纺织工业联合会 31 家单位联合主办的第七届全国职业院校技能大赛在天津主赛区和北京、山西、吉林、江苏、浙江、安徽、山东、河南、广东、重庆、甘肃、广西 12 个分赛区举行，全国共有 9 843 名选手参加了 14 个专业类别的 94 项比赛（见表 4-7）。

表 4-7　2014 年全国职业院校技能大赛赛项设置情况

序号	组别	专业类别	赛项名称	承办赛区	承办单位
1	中职	财经商贸类	电子商务	天津	天津仪表无线电工业学校
2	中职	加工制造类	车加工技术	天津	天津市机电工业学校
3	中职	加工制造类	电机装配与运行检测	天津	天津中德职业技术学院
4	中职	加工制造类	户式中央空调安装与调试	天津	天津中德职业技术学院
5	中职	加工制造类	机器人技术应用	重庆	重庆市九龙坡职业教育中心
6	中职	加工制造类	机械装配技术	天津	天津市机电工业学校
7	中职	加工制造类	模具制造技术	山东	诸城市福田汽车职业中等专业学校
8	中职	加工制造类	数控车床装调与维修技术	天津	天津市机电工业学校
9	中职	加工制造类	数控车加工技术	天津	天津市机电工业学校
10	中职	加工制造类	数控铣加工技术	天津	天津市机电工业学校
11	中职	加工制造类	数控综合加工技术	天津	天津市机电工业学校

续表

序号	组别	专业类别	赛项名称	承办赛区	承办单位
12	中职	加工制造类	液压与气动系统装调与维护	浙江	浙江机电职业技术学院
13	中职	加工制造类	装配钳工技术	天津	天津市机电工业学校
14	中职	交通运输类	汽车运用与维修（定期维护和车轮定位）	江苏	江苏省无锡汽车工程中等专业学校
15	中职	交通运输类	汽车运用与维修（汽车维修基本技能）	江苏	江苏省无锡汽车工程中等专业学校
16	中职	交通运输类	汽车运用与维修（车身修复（钣金）)	江苏	江苏省无锡汽车工程中等专业学校
17	中职	交通运输类	汽车运用与维修（车身涂装（涂漆）)	江苏	江苏省无锡汽车工程中等专业学校
18	中职	交通运输类	汽车运用与维修（汽车空调维修）	江苏	江苏省无锡汽车工程中等专业学校
19	中职	交通运输类	城市轨道交通车辆运用与检修	北京	北京市铁路电气化学校
20	中职	交通运输类	汽车营销	江苏	江苏省常熟中等专业学校
21	中职	旅游服务类	酒店服务（中餐宴会摆台）	广东	广东省旅游职业技术学校
22	中职	旅游服务类	酒店服务（客房中式铺床）	广东	广东省旅游职业技术学校
23	中职	旅游服务类	烹饪（热菜）	江苏	扬州商务高等职业学校
24	中职	旅游服务类	烹饪（面点）	江苏	扬州商务高等职业学校
25	中职	旅游服务类	烹饪（冷拼与雕刻）	江苏	扬州商务高等职业学校
26	中职	农林牧渔类	农机维修	江苏	江苏农林职业技术学院
27	中职	农林牧渔类	艺术插花	江苏	江苏农林职业技术学院
28	中职	农林牧渔类	种子质量检测	江苏	江苏农林职业技术学院
29	中职	土木水利类	工程测量	天津	天津国土资源和房屋职业学院
30	中职	土木水利类	建筑 CAD	天津	天津国土资源和房屋职业学院
31	中职	土木水利类	建筑设备安装与调控	天津	天津国土资源和房屋职业学院

续表

序号	组别	专业类别	赛项名称	承办赛区	承办单位
32	中职	轻纺食品类	服装设计与工艺（女式时尚成衣款式、纸样设计与立体造型）	江苏	南通中等专业学校
33	中职	轻纺食品类	服装设计与工艺（女式品牌服装手工纸样制作、剪裁配伍与样衣试制）	江苏	南通中等专业学校
34	中职	文化艺术类	模特表演（模特服装表演）	北京	北京国际职业教育学校
35	中职	文化艺术类	模特表演（平面模特展示）	北京	北京国际职业教育学校
36	中职	文化艺术类	艺术专业技能（中国舞表演）	天津	天津艺术职业学院
37	中职	文化艺术类	艺术专业技能（键盘乐器演奏）	天津	天津艺术职业学院
38	中职	信息技术类	网络布线	天津	天津仪表无线电工业学校
39	中职	信息技术类	网络搭建及应用	天津	天津仪表无线电工业学校
40	中职	信息技术类	物联网技术应用与维护	浙江	浙江经贸职业技术学院
41	中职	信息技术类	智能家居安装维护	江苏	无锡机电高等职业技术学校
42	中职	休闲保健类	美发与形象设计（标准卷杠 + 男士无缝推剪造型）	江苏	南京金陵中等专业学校
43	中职	休闲保健类	美发与形象设计（新娘化妆·盘发整体造型）	江苏	南京金陵中等专业学校
44	中职	休闲保健类	美发与形象设计（晚宴化妆）	江苏	南京金陵中等专业学校
45	中职	医药卫生类	护理技能	江苏	南京卫生学校
46	中职	资源环境类	煤矿瓦斯检查（煤矿安全）	江苏	徐州机电工程高等职业学校
47	高职	财经大类	市场营销技能	江苏	无锡商业职业技术学院
48	高职	财经大类	会计技能	江西	山西省财政税务专科学校
49	高职	电子信息大类	电子产品芯片级检测维修与数据恢复	天津	天津中德职业技术学院
50	高职	电子信息大类	动漫制作	广西	南宁学院
51	高职	电子信息大类	基站建设维护及数据网组建	天津	天津轻工职业技术学院
52	高职	电子信息大类	计算机网络应用	天津	天津职业大学

续表

序号	组别	专业类别	赛项名称	承办赛区	承办单位
53	高职	电子信息大类	嵌入式应用开发	天津	天津电子信息职业技术学院
54	高职	电子信息大类	三网融合与网络优化	天津	天津现代职业技术学院
55	高职	电子信息大类	移动互联技术应用	天津	天津电子信息职业技术学院
56	高职	电子信息大类	移动互联网应用软件开发	山东	山东科技职业学院
57	高职	电子信息大类	云安全技术应用	江苏	江苏经贸职业技术学院
58	高职	电子信息大类	智能电子产品系统工程实施	天津	天津现代职业技术学院
59	高职	交通运输大类	报关技能	天津	天津商务职业学院
60	高职	交通运输大类	城市轨道交通运营与维护	江苏	南京铁道职业技术学院
61	高职	交通运输大类	汽车检测与维修（汽车自动变速器拆装与检测）	吉林	长春汽车工业高等专科学校
62	高职	交通运输大类	汽车检测与维修（汽车电气系统检修）	吉林	长春汽车工业高等专科学校
63	高职	交通运输大类	汽车检测与维修（汽车故障诊断）	吉林	长春汽车工业高等专科学校
64	高职	交通运输大类	汽车检测与维修（汽车检测与维修综合技能）	吉林	长春汽车工业高等专科学校
65	高职	交通运输大类	汽车营销	吉林	长春汽车工业高等专科学校
66	高职	旅游大类	导游服务（普通话导游服务）	浙江	浙江旅游职业学院
67	高职	旅游大类	导游服务（英语导游服务）	浙江	浙江旅游职业学院
68	高职	旅游大类	烹饪（宴席设计与制作）	江苏	扬州商务高等职业学校
69	高职	旅游大类	烹饪（中餐热菜）	江苏	扬州商务高等职业学校
70	高职	旅游大类	烹饪（中餐面点）	江苏	扬州商务高等职业学校
71	高职	旅游大类	烹饪（中餐冷拼）	江苏	扬州商务高等职业学校
72	高职	旅游大类	中餐主题宴会设计	山东	山东旅游职业学院
73	高职	农林牧渔大类	鸡新城疫抗体水平测定	江苏	江苏农林职业技术学院
74	高职	农林牧渔大类	农机维修	江苏	江苏农林职业技术学院
75	高职	农林牧渔大类	园林景观设计	江苏	江苏农林职业技术学院

续表

序号	组别	专业类别	赛项名称	承办赛区	承办单位
76	高职	农林牧渔大类	植物组织培养	江苏	江苏农林职业技术学院
77	高职	农林牧渔大类	中华茶艺技能	浙江	浙江经贸职业技术学院
78	高职	水利大类	水环境监测与治理技术	天津	天津现代职业技术学院
79	高职	文化教育大类	文秘速录专业技能	天津	天津职业大学
80	高职	文化教育大类	英语口语（非英语专业组）	安徽	安徽水利水电职业技术学院
81	高职	文化教育大类	英语口语（英语专业组）	安徽	安徽水利水电职业技术学院
82	高职	医药卫生大类	护理技能	天津	天津医学高等专科学校
83	高职	艺术设计传媒大类	艺术专业技能（中国舞表演）	天津	天津艺术职业学院
84	高职	艺术设计传媒大类	艺术专业技能（键盘乐器演奏）	天津	天津艺术职业学院
85	高职	制造大类	机械设备装调与控制技术	安徽	安徽机电职业技术学院
86	高职	制造大类	三维建模数字化设计与制造	天津	天津机电职业技术学院
87	高职	制造大类	数控机床装调、维修与升级改造	天津	天津机电职业技术学院
88	高职	制造大类	注塑模具 CAD/CAE 与主要零件加工	天津	天津轻工职业技术学院
89	高职	资源开发与测绘大类	测绘（二等水准测量）	河南	黄河水利职业技术学院
90	高职	资源开发与测绘大类	测绘（工程施工放样）	河南	黄河水利职业技术学院
91	高职	资源开发与测绘大类	测绘（1 ： 500 数字测图）	河南	黄河水利职业技术学院
92	高职	资源开发与测绘大类	煤矿瓦斯检查（煤矿安全）	江苏	徐州机电工程高等职业学校
93	高职	资源开发与测绘大类	选矿技术	甘肃	兰州资源环境职业技术学院
94	高职	交通运输大类	飞机发动机拆装调试与维修	天津	中国民航大学

4. 2015 年国赛赛项设置

2015 年 6 月 2 日～7 月 4 日，由教育部、天津市人民政府、科学技术部、工业和信息化部、国家民族事务委员会、民政部、财政部、人力资源和社会保障部、国土资源部、环境保护部、住房和城乡建设部、交通运输部、水利部、农业部、商务部、文化部、国务院国有资产监督管理委员会、国家旅游局、国家测绘地理信息局、国家中医药管理局、国务院扶贫开发领导小组办公室、中华全国总工会、共青团中央、中华职业教育社、中国职业技术教育学会、中华全国供销合作总社、中国机械工业联合会、中国有色金属工业协会、中国石油和化学工业联合会、中国物流与采购联合会、中国纺织工业联合会 31 家单位联合主办的第八届全国职业院校技能大赛在天津主赛区和北京、江苏、山东、山西、吉林、浙江、安徽、河南、贵州、广东、河北、甘肃、广西、重庆、湖北、青岛 16 分赛区举行，来自全国 10 939 名选手参加了 15 个专业类别的 98 项比赛（见表 4-8）。

表 4-8　2015 年全国职业院校技能大赛赛项设置情况

序号	组别	专业类别	赛项名称	承办赛区	承办单位
1	中职	文化艺术类	艺术专业技能（戏曲）	北京	中国戏曲学院附中
2	中职	文化艺术类	艺术专业技能（民乐）	北京	中国音乐学院附中

续表

序号	组别	专业类别	赛项名称	承办赛区	承办单位
3	中职	信息技术类	物联网技术应用与维护	北京	北京市丰台区职业教育中心学校
4	中职	信息技术类	动画片制作	广西	南宁学院
5	中职	农林牧渔类	手工制茶（扁形绿茶）	贵州	贵州省内贸学校
6	中职	农林牧渔类	手工制茶（卷曲形绿茶）	贵州	贵州省内贸学校
7	中职	农林牧渔类	手工制茶（青茶（乌龙茶）)	贵州	贵州省内贸学校
8	中职	农林牧渔类	手工制茶（红条茶）	贵州	贵州省内贸学校
9	中职	石油化工类	化工仪表自动化	河北	河北化工医药职业技术学院
10	中职	加工制造类	单片机控制装置安装与调试	江苏	无锡机电高等职业技术学校
11	中职	能源与新能源类	光伏发电设备安装与调试	江苏	扬州高等职业技术学校
12	中职	石油化工类	化工生产技术	江苏	常州工程职业技术学院
13	中职	石油化工类	化工设备维修	江苏	南京化工职业技术学院
14	中职	旅游服务类	酒店服务（中餐宴会摆台）	江苏	苏州旅游与财经高等职业技术学校
15	中职	旅游服务类	酒店服务（客房中式铺床）	江苏	苏州旅游与财经高等职业技术学校
16	中职	信息技术类	数字影音后期制作技术	江苏	镇江高等职业技术学校
17	中职	农林牧渔类	蔬菜嫁接	江苏	江苏农林职业技术学院
18	中职	加工制造类	通用机电设备安装与维护	江苏	无锡机电高等职业技术学校
19	中职	交通运输类	汽车营销	江苏	苏州建设交通高等职业技术学校
20	中职	信息技术类	智能家居安装维护	江苏	无锡机电高等职业技术学校
21	中职	医药卫生类	中药传统技能	江苏	连云港中医药高等职业技术学校
22	中职	信息技术类	计算机辅助设计（工业产品CAD）	青岛	青岛市黄岛区职业教育中心
23	中职	加工制造类	电梯维修保养	山东	寿光市职业教育中心学校

续表

序号	组别	专业类别	赛项名称	承办赛区	承办单位
24	中职	加工制造类	电气安装与维修	山东	潍坊职业学院
25	中职	加工制造类	机电一体化设备组装与调试	山东	潍坊职业学院
26	中职	轻纺食品类	服装设计与工艺(服装设计)	山东	潍坊工商职业学院
27	中职	轻纺食品类	服装设计与工艺(服装工艺)	山东	潍坊工商职业学院
28	中职	交通运输类	汽车运用与维修（定期维护和车轮定位）	山东	德州交通职业中等专业学校
29	中职	交通运输类	汽车运用与维修（汽车维修基本技能）	山东	德州交通职业中等专业学校
30	中职	交通运输类	汽车运用与维修（车身修复(钣金)）	山东	德州交通职业中等专业学校
31	中职	交通运输类	汽车运用与维修（车身涂装(涂漆)）	山东	德州交通职业中等专业学校
32	中职	交通运输类	汽车运用与维修（汽车空调维修）	山东	德州交通职业中等专业学校
33	中职	加工制造类	焊接技术	天津	天津市机电工业学校
34	中职	加工制造类	数控加工技术（数控车）	天津	天津市机电工业学校
35	中职	加工制造类	数控加工技术（数控铣）	天津	天津市机电工业学校
36	中职	石油化工类	工业分析检验	天津	天津渤海职业技术学院
37	中职	土木水利类	楼宇智能化系统安装与调试	天津	天津国土资源和房屋职业学院
38	中职	信息技术类	网络布线	天津	天津仪表无线电学校
39	中职	信息技术类	网络搭建与应用	天津	天津仪表无线电学校
40	中职	财经商贸类	沙盘模拟企业经营	天津	天津市红星职业中等专业学校
41	中职	信息技术类	计算机检测维修与数据恢复	天津	天津市东丽区职业中心学校
42	中职	土木水利类	建筑装饰技能	天津	天津国土资源和房屋职业学院
43	中职	加工制造类	制冷与空调设备组装与调试	浙江	浙江机电职业技术学院
44	中职	财经商贸类	职业英语技能（服务类专业组）	重庆	重庆市商务学校

续表

序号	组别	专业类别	赛项名称	承办赛区	承办单位
45	中职	财经商贸类	职业英语技能（其他类专业组）	重庆	重庆市商务学校
46	高职	生化与药品大类	工业分析检验	天津	天津渤海职业技术学院
47	高职	土建大类	楼宇自动化系统安装与调试	天津	天津轻工职业技术学院
48	高职	土建大类	智能电梯装调与维护	天津	天津中德职业技术学院
49	高职	制造大类	工业产品造型设计与快速成型	天津	天津职业大学
50	高职	制造大类	注塑模具 CAD/CAE 与主要零件加工	天津	天津轻工职业技术学院
51	高职	制造大类	自动化生产线安装与调试	天津	天津中德职业技术学院
52	高职	电子信息大类	嵌入式产品开发	天津	天津电子信息职业技术学院
53	高职	电子信息大类	信息安全管理与评估	天津	天津电子信息职业技术学院
54	高职	电子信息大类	物联网技术应用	天津	天津现代职业技术学院
55	高职	医药卫生大类	护理技能	天津	天津医学高等专科学校
56	高职	制造大类	工业机器人技术应用	天津	天津机电职业技术学院
57	高职	制造大类	现代电气控制系统安装与调试	天津	天津中德职业技术学院
58	高职	财经大类	电子商务技能	天津	天津商务职业学院
59	高职	环保、气象与安全大类	大气环境监测与治理技术	天津	天津现代职业技术学院
60	高职	制造大类	三维建模数字化设计与制造	天津	天津机电职业技术学院
61	高职	文化教育大类	文秘速录	天津	天津职业大学
62	高职	文化教育大类	英语口语（非英语专业组）	安徽	安徽水利水电职业技术学院
63	高职	文化教育大类	英语口语（英语专业组）	安徽	安徽水利水电职业技术学院
64	高职	资源开发与测绘大类	选矿技术	兰州	兰州资源环境职业技术学院
65	高职	制造大类	飞机发动机拆装调试与维修	广东	广州民航职业技术学院

续表

序号	组别	专业类别	赛项名称	承办赛区	承办单位
66	高职	生化与药品大类	化工仪表自动化	河北	河北化工医药职业技术学院
67	高职	资源开发与测绘大类	测绘（二等水准测量）	河南	黄河水利职业技术学院
68	高职	资源开发与测绘大类	测绘（一级导线测量）	河南	黄河水利职业技术学院
69	高职	资源开发与测绘大类	测绘（1 ：500 数字测图）	河南	黄河水利职业技术学院
70	高职	制造大类	船舶主机和轴系安装	湖北	武汉船舶职业技术学院
71	高职	交通运输大类	汽车检测与维修（自动变速器拆装与检测）	吉林	长春汽车工业高等专科学校
72	高职	交通运输大类	汽车检测与维修（汽车电气系统检修）	吉林	长春汽车工业高等专科学校
73	高职	交通运输大类	汽车检测与维修（汽车故障诊断）	吉林	长春汽车工业高等专科学校
74	高职	交通运输大类	汽车营销	吉林	长春汽车工业高等专科学校
75	高职	材料与能源大类	风光互补发电系统安装与调试	江苏	南京工业职业技术学院
76	高职	生化与药品大类	化工生产技术	江苏	常州工程职业技术学院
77	高职	生化与药品大类	化工设备维修	江苏	南京化工职业技术学院
78	高职	电子信息大类	计算机网络应用	江苏	江苏经贸职业技术学院
79	高职	旅游大类	烹饪（宴席设计与制作）	江苏	扬州商务高等职业技术学校
80	高职	旅游大类	烹饪（中餐热菜）	江苏	扬州商务高等职业技术学校
81	高职	旅游大类	烹饪（中餐面点）	江苏	扬州商务高等职业技术学校
82	高职	旅游大类	烹饪（中餐冷拼）	江苏	扬州商务高等职业技术学校
83	高职	电子信息大类	4G 全网建设技术	江苏	南京信息职业技术学院
84	高职	财经大类	市场营销技能	江苏	无锡商业职业技术学院
85	高职	旅游大类	西餐宴会服务	江苏	南京旅游职业学院

续表

序号	组别	专业类别	赛项名称	承办赛区	承办单位
86	高职	医药卫生大类	中药传统技能	江苏	连云港中医药高等职业技术学校
87	高职	旅游大类	中餐主题宴会设计	山东	山东旅游职业学院
88	高职	电子信息大类	移动互联网应用软件开发	山东	山东科技职业学院
89	高职	电子信息大类	云计算技术与应用	山东	山东商业职业技术学院
90	高职	财经大类	会计技能	山西	山西经贸职业学院
91	高职	农林牧渔大类	农产品质量安全检测（蔬菜中有机磷类农药残留的检测）	浙江	浙江经贸职业技术学院
92	高职	农林牧渔大类	农产品质量安全检测（畜禽肉中兽药残留的检测）	浙江	浙江经贸职业技术学院
93	高职	农林牧渔大类	农产品质量安全检测（茶叶中重金属含量的检测）	浙江	浙江经贸职业技术学院
94	高职	轻纺食品大类	服装设计与工艺(服装设计)	浙江	杭州职业技术学院
95	高职	轻纺食品大类	服装设计与工艺（服装制版与工艺）	浙江	杭州职业技术学院
96	高职	农林牧渔大类	中华茶艺	浙江	浙江经贸职业技术学院
97	高职	旅游大类	导游服务(普通话导游服务)	浙江	浙江旅游职业学院
98	高职	旅游大类	导游服务（英语导游服务）	浙江	浙江旅游职业学院

三、“近四届”竞赛项目

1. 2016 年国赛赛项设置

2016 年 5 月 8 日～6 月 8 日，由教育部、天津市人民政府、国家发展和改革委员会、科学技术部、工业和信息化部、国家民族事务委员会、民政部、财政部、人力资源和社会保障部、国土资源部、环境保护部、住房和城乡建设部、交通运输部、水利部、农业部、商务部、文化部、国家卫生和计划生育委员会、国务院国有资产监督管理委员会、国家安全生产监督管理总局、国家旅游局、国家粮食局、国家测绘地理信息局、中国民用航空局、国家中医药管理局、国务院扶贫开发领导小组办公室、中华全国总工会、共青团中央、中华职业教育社、中国职业技术教育学会、中华全国供销合作总社、中国机械工业联合会、中国有色金属工业协会、中国石油和化学工业联合会、中国物流与采购联合会、中国纺织工业联合会、中国煤炭工业协会 37 家单位联合主办的第九届全国职业院校技能大赛在天津主赛区和北京、江苏、山东、山西、吉林、浙江、安徽、河南、广东、宁波、甘肃、福建、重庆、湖北、青岛 15 个分赛区举行，来自全国的 12 042 名选手参加了 17 个专业类别 94 项比赛（见表 4–9）。

表 4-9　2016 年全国职业院校技能大赛赛项设置情况

序号	组别	专业类别	赛项名称	承办赛区	承办单位
1	中职	财经商贸类	沙盘模拟企业经营	天津	天津市红星职业中等专业学校
2	中职	信息技术类	数字影音后期制作技术	江苏	镇江高等职业技术学校
3	中职	信息技术类	网络搭建与应用	天津	天津市仪表无线电工业学校
4	中职	信息技术类	计算机检测维修与数据恢复	天津	天津市东丽职业中心学校
5	中职	信息技术类	动画片制作	宁波	宁波市职业技术教育中心学校

续表

序号	组别	专业类别	赛项名称	承办赛区	承办单位
6	中职	信息技术类	计算机辅助设计（工业产品CAD）	青岛	青岛市黄岛区职业教育中心
7	中职	信息技术类	物联网技术应用与维护	江苏	南京高等职业技术学校
8	中职	信息技术类	智能家居安装与维护	江苏	无锡机电高等职业技术学校
9	中职	加工制造类	单片机控制装置安装与调试	江苏	无锡机电高等职业技术学校
10	中职	加工制造类	电气安装与维修	山东	潍坊职业学院
11	中职	加工制造类	机电一体化设备组装与调试	山东	潍坊职业学院
12	中职	加工制造类	数控加工技术（数控车）	天津	天津市机电工业学校
13	中职	加工制造类	车加工技术	天津	天津市机电工业学校
14	中职	加工制造类	通用机电设备安装与维护	江苏	无锡机电高等职业技术学校
15	中职	加工制造类	液压与气动系统装调与维护	浙江	浙江机电职业技术学院
16	中职	加工制造类	装配钳工技术	天津	天津市机电工业学校
17	中职	加工制造类	焊接技术	天津	天津市机电工业学校
18	中职	加工制造类	电梯维修保养	山东	寿光市职业教育中心学校
19	中职	土木水利类	户式中央空调安装与调试	天津	天津市南洋工业学校
20	中职	交通运输类	汽车营销	江苏	苏州建设交通高等职业技术学校
21	中职	交通运输类	汽车运用与维修（定期维护与车轮定位）	山东	德州交通职业中等专业学校
22	中职	交通运输类	汽车运用与维修（汽车维修基本技能）	山东	德州交通职业中等专业学校
23	中职	交通运输类	汽车运用与维修（汽车空调维修）	山东	德州交通职业中等专业学校
24	中职	交通运输类	汽车运用与维修（车身修复（钣金））	山东	德州交通职业中等专业学校
25	中职	交通运输类	汽车运用与维修（车身涂装（涂漆））	山东	德州交通职业中等专业学校

续表

序号	组别	专业类别	赛项名称	承办赛区	承办单位
26	中职	旅游服务类	酒店服务（中餐宴会摆台与服务）	江苏	苏州旅游与财经高等职业技术学校
27	中职	旅游服务类	酒店服务（客房中式铺床）	江苏	苏州旅游与财经高等职业技术学校
28	中职	旅游服务类	烹饪（中餐热菜）	江苏	扬州商务高等职业学校
29	中职	旅游服务类	烹饪（西餐热菜）	江苏	扬州商务高等职业学校
30	中职	旅游服务类	烹饪（中西式面点）	江苏	扬州商务高等职业学校
31	中职	旅游服务类	烹饪（冷拼与雕刻）	江苏	扬州商务高等职业学校
32	中职	农林牧渔类	果蔬嫁接	江苏	江苏农林职业技术学院
33	中职	农林牧渔类	艺术插花	江苏	江苏农林职业技术学院
34	中职	石油化工类	工业分析检验	天津	天津渤海职业技术学院
35	中职	土木水利类	工程测量	天津	天津国土资源和房屋职业学院
36	中职	土木水利类	建筑 CAD	天津	天津国土资源和房屋职业学院
37	中职	文化艺术类	职业英语技能(服务类专业组)	重庆	重庆市龙门浩职业中学校
38	中职	文化艺术类	职业英语技能(其他类专业组)	重庆	重庆市龙门浩职业中学校
39	中职	文化艺术类	艺术专业技能大赛(戏曲表演)(京(剧)昆(曲)组)	北京	中国戏曲学院附中
40	中职	文化艺术类	艺术专业技能大赛(戏曲表演)(地方戏组)	北京	中国戏曲学院附中
41	中职	轻纺食品类	服装设计与工艺（服装设计）	山东	潍坊工商职业学院
42	中职	轻纺食品类	服装设计与工艺（服装工艺）	山东	潍坊工商职业学院
43	中职	文化艺术类	模特表演	北京	北京国际职业教育学校
44	中职	医药卫生类	全国职业院校护理技能大赛	江苏	南京卫生学校
45	高职	财经商贸大类	电子商务技能	天津	天津商务职业学院
46	高职	财经商贸大类	会计技能竞赛	山西	山西省财政税务专科学校
47	高职	财经商贸大类	市场营销技能	江苏	无锡商业职业技术学院

续表

序号	组别	专业类别	赛项名称	承办赛区	承办单位
48	高职	电子信息大类	电子产品设计及制作	天津	天津现代职业技术学院
49	高职	电子信息大类	电子产品芯片级检测维修与数据恢复	天津	天津中德职业技术学院
50	高职	电子信息大类	嵌入式技术与应用开发（嵌入式产品装配调试）	天津	天津电子信息职业技术学院
51	高职	电子信息大类	嵌入式技术与应用开发（嵌入式产品应用开发）	天津	天津电子信息职业技术学院
52	高职	电子信息大类	信息安全管理与评估	天津	天津电子信息职业技术学院
53	高职	电子信息大类	动漫制作	江苏	常州信息职业技术学院
54	高职	电子信息大类	计算机网络应用	江苏	江苏经贸职业技术学院
55	高职	电子信息大类	移动互联网应用软件开发	山东	山东科技职业学院
56	高职	电子信息大类	云计算技术与应用	山东	山东商业职业技术学院
57	高职	电子信息大类	4G 全网建设技术	江苏	南京信息职业技术学院
58	高职	电子信息大类	物联网技术应用	天津	天津轻工职业技术学院
59	高职	装备制造大类	风光互补发电系统安装与调试	江苏	南京工业职业技术学院
60	高职	装备制造大类	汽车检测与维修	吉林	长春汽车工业高等专科学校
61	高职	装备制造大类	汽车营销	吉林	长春汽车工业高等专科学校
62	高职	装备制造大类	三维建模数字化设计与制造	天津	天津机电职业技术学院
63	高职	装备制造大类	工业产品造型设计与快速成型	天津	天津职业大学
64	高职	装备制造大类	机械设备装调与控制技术	安徽	安徽机电职业技术学院
65	高职	装备制造大类	工业机器人技术应用	天津	天津机电职业技术学院
66	高职	装备制造大类	现代电气控制系统安装与调试	天津	天津中德职业技术学院
67	高职	交通运输大类	船舶主机和轴系安装	湖北	武汉船舶职业技术学院
68	高职	交通运输大类	飞机发动机拆装调试与维修	广东	广州民航职业技术学院
69	高职	交通运输大类	报关技能	天津	天津商务职业学院

续表

序号	组别	专业类别	赛项名称	承办赛区	承办单位
70	高职	旅游大类	导游服务（普通话导游服务）	福建	漳州职业技术学院
71	高职	旅游大类	导游服务（英语导游服务）	福建	漳州职业技术学院
72	高职	旅游大类	西餐宴会服务	江苏	南京旅游职业学院
73	高职	旅游大类	中餐主题宴会设计	山东	山东旅游职业学院
74	高职	旅游大类	烹饪	江苏	扬州商务高等职业学校
75	高职	农林牧渔大类	鸡新城疫抗体水平测定	江苏	江苏农林职业技术学院
76	高职	农林牧渔大类	园林景观设计	江苏	江苏农林职业技术学院
77	高职	农林牧渔大类	农产品质量安全检测（蔬菜中有机磷类农药残留的检测）	浙江	浙江经贸职业技术学院
78	高职	农林牧渔大类	农产品质量安全检测（畜禽肉中兽药残留的检测）	浙江	浙江经贸职业技术学院
79	高职	农林牧渔大类	农产品质量安全检测（茶叶中重金属含量的检测）	浙江	浙江经贸职业技术学院
80	高职	轻工纺织大类	服装设计与工艺（服装设计）	浙江	杭州职业技术学院
81	高职	轻工纺织大类	服装设计与工艺（服装制版与工艺）	浙江	杭州职业技术学院
82	高职	生物与化工大类	工业分析检验	天津	天津渤海职业技术学院
83	高职	生物与化工大类	化工生产技术	江苏	常州工程职业技术学院
84	高职	教育与体育大类	英语口语（非英语专业组）	安徽	安徽水利水电职业技术学院
85	高职	教育与体育大类	英语口语（英语专业组）	安徽	安徽水利水电职业技术学院
86	高职	教育与体育大类	文秘速录	天津	天津职业大学
87	高职	文化艺术大类	艺术专业技能大赛（音乐表演）	北京	北京戏曲艺术职业学院

续表

序号	组别	专业类别	赛项名称	承办赛区	承办单位
88	高职	医药卫生大类	中药传统技能	江苏	连云港中医药高等职业技术学校
89	高职	医药卫生大类	全国职业院校护理技能大赛	山东	滨州职业学院
90	高职	资源环境与安全大类	大气环境监测与治理技术	天津	天津现代职业技术学院
91	高职	资源环境与安全大类	矿产地质勘查技术	甘肃	兰州资源环境职业技术学院
92	高职	资源环境与安全大类	测绘（二等水准测量）	河南	黄河水利职业技术学院
93	高职	资源环境与安全大类	测绘（一级导线测量）	河南	黄河水利职业技术学院
94	高职	资源环境与安全大类	测绘（1 ∶ 500 数字测图）	河南	黄河水利职业技术学院

2. 2017 年国赛赛项设置

2017 年 5 月 8 日～6 月 29 日，由教育部、天津市人民政府、国家发展和改革委员会、科学技术部、工业和信息化部、国家民族事务委员会、民政部、财政部、人力资源和社会保障部、国土资源部、环境保护部、住房和城乡建设部、交通运输部、水利部、农业部、商务部、文化部、国家卫生和计划生育委员会、国务院国有资产监督管理委员会、国家安全生产监督管理总局、国家旅游局、国家粮食局、国家测绘地理信息局、中国民用航空局、国家中医药管理局、国务院扶贫开发领导小组办公室、中华全国总工会、共青团中央、中华职业教育社、中国职业技术教育学会、中华全国供销合作总社、中国机械工业联合会、中国有色金属工业协会、中国石油和化学工业联合会、中国物流与采购联合会、中国纺织工业联合会、中国煤炭工业协会37家单位联合主办的第十届全国职业院校技能大赛在天津主赛区和吉林、江苏、浙江、安徽、福建、江西、山东、河南、湖北、湖南、广东、广西、重庆、四川、贵州、云南、陕西、甘肃和青岛19个分赛区举行，来自全国的13 922名选手参加了81个常规赛项和4个行业特色赛项的比赛（见表4-10）。

表4-10 2017年全国职业院校技能大赛赛项设置情况

序号	组别	专业类别	赛项名称	承办赛区	承办单位
1	中职	农林牧渔类	蔬菜嫁接	吉林	长春市农业学校
2	中职	农林牧渔类	农机维修	江苏	江苏农林职业技术学院
3	中职	能源与新能源类	光伏发电系统安装与调试	江苏	扬州高等职业技术学校
4	中职	土木水利类	建筑装饰技能	青岛	青岛市黄岛区职业教育中心
5	中职	土木水利类	建筑设备安装与调控（给排水）	江苏	南京高等职业技术学校
6	中职	土木水利类	工程测量	江苏	南京高等职业技术学校
7	中职	加工制造类	数控综合应用技术	天津	天津市机电工业学校
8	中职	加工制造类	现代模具制造技术（注塑模具制造技术）	山东	诸城市福田汽车职业中等专业学校

续表

序号	组别	专业类别	赛项名称	承办赛区	承办单位
9	中职	加工制造类	通用机电设备安装与维护	江苏	无锡机电高等职业技术学校
10	中职	加工制造类	机械装配技术	浙江	浙江机电职业技术学院
11	中职	加工制造类	焊接技术	天津	天津市机电工业学校
12	中职	加工制造类	机器人技术应用	山东	安丘市职业中等专业学校
13	中职	加工制造类	单片机控制装置安装与调试	江苏	无锡机电高等职业技术学校
14	中职	石油化工类	化工生产技术	江苏	常州工程职业技术学院
15	中职	石油化工类	工业分析检验	天津	天津渤海职业技术学院
16	中职	交通运输类	汽车运用与维修（汽车机电维修）	天津	天津市东丽区职业教育中心学校
17	中职	交通运输类	汽车运用与维修（车身修复（钣金））	天津	天津市东丽区职业教育中心学校
18	中职	交通运输类	汽车运用与维修（车身涂装（涂漆））	天津	天津市东丽区职业教育中心学校
19	中职	交通运输类	汽车营销	山东	德州交通职业中等专业学校
20	中职	信息技术类	数字影音后期制作技术	天津	天津市第一商业学校
21	中职	信息技术类	计算机辅助设计（工业产品CAD）	青岛	青岛市黄岛区职业教育中心
22	中职	信息技术类	物联网技术应用与维护	吉林	长春市机械工业学校
23	中职	信息技术类	智能家居安装与维护	江苏	盐城机电高等职业技术学校
24	中职	信息技术类	网络搭建与应用	天津	天津市仪表无线电工业学校
25	中职	信息技术类	网络空间安全	江苏	常州刘国钧高等职业技术学校

续表

序号	组别	专业类别	赛项名称	承办赛区	承办单位
26	中职	信息技术类	计算机检测维修与数据恢复	湖南	长沙高新技术工程学校
27	中职	信息技术类	通信与控制系统（高铁）集成与维护	吉林	吉林信息工程学校
28	中职	医药卫生类	护理技能	江苏	南京卫生学校
29	中职	财经商贸类	沙盘模拟企业经营	天津	天津市红星职业中等专业学校
30	中职	财经商贸类	电子商务运营技能	江苏	无锡旅游商贸高等职业技术学校
31	中职	财经商贸类	职业英语技能（服务类专业组）	江苏	常州旅游商贸高等职业技术学校
32	中职	财经商贸类	职业英语技能（其他类专业组）	江苏	常州旅游商贸高等职业技术学校
33	中职	旅游服务类	酒店服务	江苏	苏州旅游与财经高等职业技术学校
34	中职	文化艺术类	艺术专业技能（中国舞表演）	天津	天津艺术职业学院
35	中职	文化艺术类	服装设计与工艺	江苏	苏州高等职业技术学校
36	高职	农林牧渔大类	鸡新城疫抗体水平测定	福建	福建林业职业技术学院
37	高职	农林牧渔大类	园林景观设计	江苏	江苏农林职业技术学院
38	高职	资源环境与安全大类	测绘	云南	昆明冶金高等专科学校
39	高职	能源动力与材料大类	风光互补发电系统安装与调试	安徽	安徽机电职业技术学院
40	高职	土木建筑大类	建筑工程识图	浙江	浙江建设职业技术学院
41	高职	水利大类	水环境监测与治理技术	天津	天津现代职业技术学院
42	高职	装备制造大类	工业产品数字化设计与制造	江苏	苏州工业职业技术学院
43	高职	装备制造大类	复杂部件数控多轴联动加工技术	湖南	湖南工业职业技术学院

续表

序号	组别	专业类别	赛项名称	承办赛区	承办单位
44	高职	装备制造大类	模具数字化设计与制造工艺	重庆	重庆工业职业技术学院
45	高职	装备制造大类	自动化生产线安装与调试	天津	天津中德应用技术大学
46	高职	装备制造大类	数控机床装调与技术改造	天津	天津机电职业技术学院
47	高职	装备制造大类	智能电梯装调与维护	天津	天津中德应用技术大学
48	高职	装备制造大类	工业机器人技术应用	天津	天津机电职业技术学院
49	高职	装备制造大类	船舶主机和轴系安装	湖北	武汉船舶职业技术学院
50	高职	生物与化工大类	化工生产技术	江苏	常州工程职业技术学院
51	高职	生物与化工大类	工业分析检验	天津	天津渤海职业技术学院
52	高职	轻工纺织大类	服装设计与工艺（服装设计）	山东	山东科技职业学院
53	高职	轻工纺织大类	服装设计与工艺（服装制版与工艺）	山东	山东科技职业学院
54	高职	交通运输大类	飞机发动机拆装调试与维修	广东	广州民航职业技术学院
55	高职	电子信息大类	电子产品芯片级检测维修与数据恢复	天津	天津中德应用技术大学
56	高职	电子信息大类	光伏电子工程的设计与实施	陕西	陕西工业职业技术学院
57	高职	电子信息大类	物联网技术应用	天津	天津轻工职业技术学院
58	高职	电子信息大类	大数据技术与应用	贵州	贵州轻工职业技术学院
59	高职	电子信息大类	计算机网络应用	天津	天津电子信息职业技术学院
60	高职	电子信息大类	软件测试	河南	许昌职业技术学院
61	高职	电子信息大类	嵌入式技术与应用开发	陕西	西安航空职业技术学院
62	高职	电子信息大类	虚拟现实（VR）设计与制作	福建	福建船政交通职业学院
63	高职	电子信息大类	信息安全管理与评估	福建	福建信息职业技术学院
64	高职	电子信息大类	移动互联网应用软件开发	江苏	南京工业职业技术学院
65	高职	电子信息大类	云计算技术与应用	广东	深圳职业技术学院

续表

序号	组别	专业类别	赛项名称	承办赛区	承办单位
66	高职	医药卫生大类	护理技能	山东	滨州职业学院
67	高职	医药卫生大类	中药技能	江苏	连云港中医药高等职业技术学校
68	高职	财经商贸大类	银行业务综合技能	浙江	浙江金融职业学院
69	高职	财经商贸大类	会计技能	四川	四川财经职业学院
70	高职	财经商贸大类	互联网 + 国际贸易综合技能	江苏	无锡商业职业技术学院
71	高职	财经商贸大类	市场营销技能	山东	山东商业职业技术学院
72	高职	财经商贸大类	汽车营销	山东	山东交通职业学院
73	高职	财经商贸大类	电子商务技能	天津	天津商务职业学院
74	高职	财经商贸大类	现代物流作业方案设计与实施	天津	天津交通职业学院
75	高职	旅游大类	中餐主题宴会设计	山东	青岛酒店管理职业技术学院
76	高职	旅游大类	西餐宴会服务	广西	南宁职业技术学院
77	高职	文化艺术大类	艺术专业技能（中国舞表演）	天津	天津艺术职业学院
78	高职	文化艺术大类	艺术专业技能（钢琴演奏）	天津	天津艺术职业学院
79	高职	教育与体育大类	学前教育专业教育技能	浙江	金华职业技术学院
80	高职	教育与体育大类	英语口语	江西	江西外语外贸职业学院
81	高职	教育与体育大类	文秘速录	天津	天津职业大学
行业 1	高职	资源环境与安全大类	煤矿综采电气维修	重庆	重庆工程职业技术学院
行业 2	高职	资源环境与安全大类	煤矿瓦斯检查（煤矿安全）	重庆	重庆工程职业技术学院
行业 3	高职	资源环境与安全大类	矿物加工技术	甘肃	白银矿冶职业技术学院
行业 4	高职	资源环境与安全大类	岩矿鉴定与综合地质编录技术	甘肃	白银矿冶职业技术学院

3. 2018 年国赛赛项设置

2018 年 5 月 6 日～6 月 30 日，由教育部、天津市人民政府、国家发展和改革委员会、科学技术部、工业和信息化部、国家民族事务委员会、民政部、财政部、人力资源和社会保障部、自然资源部、生态环境部、住房和城乡建设部、交通运输部、水利部、农业农村部、商务部、文化和旅游部、国家卫生健康委员会、应急管理部、国务院国有资产监督管理委员会、国家粮食和物资储备局、中国民用航空局、国家中医药管理局、国务院扶贫开发领导小组办公室、中华全国总工会、共青团中央、中华职业教育社、中国职业技术教育学会、中华全国供销合作总社、中国机械工业联合会、中国有色金属工业协会、中国石油和化学工业联合会、中国物流与采购联合会、中国纺织工业联合会、中国煤炭工业协会 35 家单位联合主办的第十一届全国职业院校技能大赛在天津主赛区和北京、山西、内蒙古、辽宁、吉林、江苏、浙江、安徽、福建、山东、河南、湖北、湖南、广东、重庆、四川、云南、陕西、甘肃、宁夏、青岛、宁波 22 个分赛区举行。来自全国的 15 625 名选手参加了 76 个常规赛项，8 个行业特色赛项（见表 4–11）。

表 4-11　2018 年全国职业院校技能大赛赛项设置情况

序号	组别	专业类别	赛项名称	承办赛区	承办单位
1	中职	农林牧渔类	农机维修	江苏	江苏农林职业技术学院
2	中职	土木水利类	建筑 CAD	江苏	江苏省南京工程高等职业技术学校
3	中职	土木水利类	建筑智能化系统安装与调试	青岛	青岛军民融合学院（原青岛市黄岛区职业教育中心）
4	中职	土木水利类	工程测量	江苏	南京高等职业技术学校
5	中职	加工制造类	机器人技术应用	山东	安丘市职业中等专业学校
6	中职	加工制造类	液压与气动系统装调与维护	湖北	湖北工业职业技术学院
7	中职	加工制造类	零部件测绘与 CAD 成图技术	福建	福建工业学校
8	中职	加工制造类	机电一体化设备组装与调试	天津	天津机电职业技术学院
9	中职	加工制造类	数控综合应用技术	天津	天津市机电工业学校
10	中职	加工制造类	现代模具制造技术·注塑模具技术	山东	诸城市福田汽车职业中等专业学校
11	中职	加工制造类	电梯维修保养	江苏	溧阳市天目湖中等专业学校
12	中职	加工制造类	焊接技术	天津	天津市机电工业学校
13	中职	加工制造类	制冷与空调设备组装与调试	江苏	江苏省张家港中等专业学校
14	中职	石油化工类	工业分析与检验	天津	天津渤海职业技术学院
15	中职	交通运输类	汽车运用与维修（车身修复（钣金））	天津	天津市东丽区职业教育中心学校
16	中职	交通运输类	汽车运用与维修（车身涂装（涂漆））	天津	天津市东丽区职业教育中心学校
17	中职	交通运输类	汽车运用与维修（汽车机电维修）	天津	天津市东丽区职业教育中心学校
18	中职	交通运输类	汽车营销	山东	德州交通职业中等专业学校
19	中职	信息技术类	分布式光伏系统的装调与运维	河南	郑州市科技工业学校
20	中职	信息技术类	物联网技术应用与维护	吉林	长春市机械工业学校

续表

序号	组别	专业类别	赛项名称	承办赛区	承办单位
21	中职	信息技术类	网络搭建与应用	湖北	宜昌市机电工程学校
22	中职	信息技术类	网络空间安全	江苏	常州刘国钧高等职业技术学校
23	中职	信息技术类	网络布线	天津	天津市仪表无线电工业学校
24	中职	信息技术类	计算机检测维修与数据恢复	湖南	长沙高新技术工程学校
25	中职	信息技术类	通信与控制系统（高铁）集成与维护	吉林	吉林信息工程学校
26	中职	信息技术类	电子电路装调与应用	重庆	重庆市渝北职业教育中心
27	中职	信息技术类	工业产品设计与创客实践	宁波	宁波市职业技术教育中心学校
28	中职	医药卫生类	护理技能	江苏	江苏省南通卫生高等职业技术学校
29	中职	财经商贸类	沙盘模拟企业经营	天津	天津市红星职业中等专业学校
30	中职	财经商贸类	现代物流综合作业	江苏	江苏省淮安中等专业学校
31	中职	旅游服务类	酒店服务	内蒙古	包头服务管理职业学校
32	中职	文化艺术类	服装设计与工艺	江苏	苏州高等职业技术学校
33	高职	农林牧渔大类	农产品质量安全检测	湖北	湖北生物科技职业学院
34	高职	农林牧渔大类	园林景观设计与施工	陕西	杨凌职业技术学院
35	高职	农林牧渔大类	鸡新城疫抗体水平测定	福建	福建林业职业技术学院
36	高职	资源环境与安全大类	珠宝玉石鉴定	甘肃	兰州资源环境职业技术学院
37	高职	资源环境与安全大类	工程测量	云南	昆明冶金高等专科学校
38	高职	资源环境与安全大类	大气环境监测与治理技术	天津	天津现代职业技术学院
39	高职	能源动力与材料大类	风光互补发电系统安装与调试	安徽	安徽机电职业技术学院

续表

序号	组别	专业类别	赛项名称	承办赛区	承办单位
40	高职	土木建筑大类	建筑工程识图	浙江	浙江建设职业技术学院
41	高职	装备制造大类	工业产品数字化设计与制造	江苏	苏州工业职业技术学院
42	高职	装备制造大类	复杂部件数控多轴联动加工技术	湖南	湖南工业职业技术学院
43	高职	装备制造大类	制造单元智能化改造与集成技术	浙江	浙江机电职业技术学院
44	高职	装备制造大类	数控机床装调与技术改造	天津	天津中德应用技术大学
45	高职	装备制造大类	机电一体化项目	天津	天津机电职业技术学院
46	高职	装备制造大类	现代电气控制系统安装与调试	江苏	常州机电职业技术学院
47	高职	装备制造大类	智能电梯装调与维护	天津	天津轻工职业技术学院
48	高职	装备制造大类	工业机器人技术应用	天津	天津现代职业技术学院
49	高职	装备制造大类	新能源汽车技术与服务	天津	天津职业大学
50	高职	装备制造大类	汽车检测与维修	山东	山东交通职业学院
51	高职	生物与化工大类	工业分析与检验	天津	天津渤海职业技术学院
52	高职	生物与化工大类	化工生产技术	广东	广东轻工职业技术学院
53	高职	轻工纺织大类	服装设计与工艺	山东	山东科技职业学院
54	高职	交通运输大类	轨道交通信号控制系统设计与应用	吉林	吉林铁道职业技术学院
55	高职	电子信息大类	电子产品设计及制作	广东	深圳信息职业技术学院
56	高职	电子信息大类	电子产品芯片级检测维修与数据恢复	宁夏	宁夏工商职业技术学院
57	高职	电子信息大类	光伏电子工程的设计与实施	陕西	陕西工业职业技术学院
58	高职	电子信息大类	物联网技术应用	天津	天津中德应用技术大学
59	高职	电子信息大类	虚拟现实（VR）设计与制作	福建	福建船政交通职业学院
60	高职	电子信息大类	计算机网络应用	吉林	吉林电子信息职业技术学院

续表

序号	组别	专业类别	赛项名称	承办赛区	承办单位
61	高职	电子信息大类	软件测试	河南	许昌职业技术学院
62	高职	电子信息大类	嵌入式技术应用开发	陕西	西安航空职业技术学院
63	高职	电子信息大类	信息安全管理与评估	福建	福建信息职业技术学院
64	高职	电子信息大类	移动互联网应用软件开发	江苏	南京工业职业技术学院
65	高职	电子信息大类	云计算技术与应用	广东	深圳职业技术学院
66	高职	医药卫生大类	护理技能	重庆	重庆医药高等专科学校
67	高职	医药卫生大类	中药传统技能	山东	山东中医药高等专科学校
68	高职	财经商贸大类	银行业务综合技能	广东	广州番禺职业技术学院
69	高职	财经商贸大类	会计技能	四川	四川财经职业学院
70	高职	财经商贸大类	互联网+国际贸易综合技能	江苏	无锡商业职业技术学院
71	高职	财经商贸大类	市场营销技能	山东	山东商业职业技术学院
72	高职	财经商贸大类	电子商务技能	天津	天津商务职业学院
73	高职	财经商贸大类	智慧物流作业方案设计与实施	天津	天津交通职业学院
74	高职	旅游大类	导游服务	江苏	南京旅游职业学院
75	高职	教育与体育大类	学前教育专业教育技能	浙江	金华职业技术学院
76	高职	教育与体育大类	英语口语	山东	山东外贸职业学院
行业 1	中职	文化艺术类	艺术专业技能（弹拨乐器演奏）	浙江	浙江艺术职业学院
行业 2	高职	资源环境与安全大类	岩矿鉴定与综合地质编录技术	辽宁	辽宁地质工程职业学院
行业 3	高职	资源环境与安全大类	矿井灾害应急救援技术	山西	大同煤炭职业技术学院
行业 4	高职	资源环境与安全大类	数字化矿山监测技术	重庆	重庆工程职业技术学院

续表

序号	组别	专业类别	赛项名称	承办赛区	承办单位
行业5	高职	能源动力与材料大类	金属冶炼与设备检修	天津	天津冶金职业技术学院
行业6	高职	装备制造大类	船舶主机和轴系安装	湖北	武汉船舶职业技术学院
行业7	高职	文化艺术大类	艺术专业技能（弹拨乐器演奏）	浙江	浙江艺术职业学院
行业8	高职	公共管理与服务大类	养老服务技能	北京	北京社会管理职业学院

4. 2019 年国赛赛项设置

2019 年 5 月 6 日～6 月 30 日，由教育部、天津市人民政府、国家发展和改革委员会、科学技术部、工业和信息化部、国家民族事务委员会、民政部、财政部、人力资源和社会保障部、自然资源部、生态环境部、住房和城乡建设部、交通运输部、水利部、农业农村部、商务部、文化和旅游部、国家卫生健康委员会、应急管理部、国务院国有资产监督管理委员会、国家粮食和物资储备局、中国民用航空局、国家中医药管理局、国务院扶贫开发领导小组办公室、中华全国总工会、共青团中央、中华职业教育社、中国职业技术教育学会、中华全国供销合作总社、中国机械工业联合会、中国有色金属工业协会、中国石油和化学工业联合会、中国物流与采购联合会、中国纺织工业联合会、中国煤炭工业协会35家单位联合主办的第十二届全国职业院校技能大赛在天津主赛区和北京、山西、内蒙古、吉林、江苏、浙江、安徽、福建、山东、河南、湖北、湖南、广东、广西、重庆、贵州、云南、陕西、甘肃、宁夏、青岛21个分赛区举行，来自全国17 450名选手参加了86个常规赛项，5个行业特色赛项（见表4–12）。

表4-12　2019年全国职业院校技能大赛赛项设置情况

序号	组别	专业类别	赛项名称	承办赛区	承办单位
1	中职	农林牧渔类	蔬菜嫁接	吉林	长春市农业学校
2	中职	农林牧渔类	农机维修	浙江	海宁市职业高级中学
3	中职	土木水利类	建筑装饰技能	青岛	青岛市黄岛区职业教育中心
4	中职	土木水利类	建筑智能化系统安装与调试	吉林	长春市城建工程学校
5	中职	土木水利类	建筑设备安装与调控（给排水）	江苏	南京高等职业技术学校
6	中职	土木水利类	工程测量	江苏	江苏城乡建设职业学院
7	中职	加工制造类	零部件测绘与CAD成图技术	福建	福建工业学校
8	中职	加工制造类	机器人技术应用	江苏	无锡机电高等职业技术学校
9	中职	加工制造类	机电一体化设备组装与调试	湖南	长沙市电子工业学校
10	中职	加工制造类	数控综合应用技术	天津	天津市机电工业学校
11	中职	加工制造类	现代模具制造技术·注塑模具技术	青岛	山东省轻工工程学校
12	中职	加工制造类	电梯维修保养	江苏	溧阳市天目湖中等专业学校
13	中职	加工制造类	液压与气动系统装调与维护	湖北	湖北工业职业技术学院
14	中职	加工制造类	新能源汽车检测与维修	安徽	皖江职业教育中心学校

续表

序号	组别	专业类别	赛项名称	承办赛区	承办单位
15	中职	加工制造类	焊接技术	天津	天津市机电工业学校
16	中职	加工制造类	制冷与空调设备组装与调试	江苏	张家港中等专业学校
17	中职	加工制造类	电气安装与维修	天津	天津南洋工业学校
18	中职	石油化工类	化工生产技术	湖南	湖南化工职业技术学院
19	中职	石油化工类	工业分析检验	山东	寿光市职业教育中心学校
20	中职	交通运输类	汽车运用与维修（车身修复(钣金))	天津	天津市东丽区职业教育中心学校
21	中职	交通运输类	汽车运用与维修（车身涂装(涂漆))	天津	天津市东丽区职业教育中心学校
22	中职	交通运输类	汽车运用与维修（汽车机电维修）	天津	天津市东丽区职业教育中心学校
23	中职	交通运输类	汽车营销	河南	郑州市国防科技学校
24	中职	信息技术类	分布式光伏系统的装调与运维	河南	郑州市科技工业学校
25	中职	信息技术类	虚拟现实（VR）制作与应用	福建	福州商贸职业中专学校
26	中职	信息技术类	网络空间安全	湖南	长沙高新技术工程学校
27	中职	信息技术类	网络搭建与应用	湖北	宜昌市机电工程学校
28	中职	信息技术类	计算机检测维修与数据恢复	广东	广东省东莞市电子科技学校
29	中职	信息技术类	智能家居安装与维护	天津	天津国土资源和房屋职业学院
30	中职	信息技术类	电子电路装调与应用	重庆	重庆市渝北职业教育中心
31	中职	信息技术类	通信与控制系统集成与维护	江苏	江苏省宜兴中等专业学校
32	中职	医药卫生类	护理技能	江苏	江苏省南通卫生高等职业技术学校
33	中职	财经商贸类	沙盘模拟企业经营	天津	天津市红星职业中等专业学校
34	中职	财经商贸类	电子商务技能	山东	山东省潍坊商业学校
35	中职	财经商贸类	现代物流综合作业	江苏	江苏省淮安中等专业学校

续表

序号	组别	专业类别	赛项名称	承办赛区	承办单位
36	中职	旅游服务类	酒店服务	内蒙古	包头服务管理职业学校
37	中职	文化艺术类	艺术专业技能（戏曲表演）	山东	山东省烟台艺术学校
38	中职	文化艺术类	服装设计与工艺	重庆	重庆工商学校
39	中职	文化艺术类	模特表演（平面模特组）	江苏	江苏模特艺术学校
40	中职	文化艺术类	模特表演（服装模特组）	江苏	江苏模特艺术学校
41	高职	农林牧渔大类	艺术插花	云南	云南林业职业技术学院
42	高职	农林牧渔大类	园林景观设计与施工	陕西	杨凌职业技术学院
43	高职	资源环境与安全大类	珠宝玉石鉴定	甘肃	兰州资源环境职业技术学院
44	高职	土木建筑大类	建筑装饰技术应用	浙江	浙江建设职业技术学院
45	高职	土木建筑大类	建筑工程识图	天津	天津城市建设管理职业技术学院
46	高职	水利大类	水环境监测与治理技术	天津	天津现代职业技术学院
47	高职	装备制造大类	工业产品数字化设计与制造	江苏	无锡职业技术学院
48	高职	装备制造大类	数控机床装调与技术改造	广东	中山职业技术学院
49	高职	装备制造大类	模具数字化设计与制造工艺	重庆	重庆工业职业技术学院
50	高职	装备制造大类	制造单元智能化改造与集成技术	浙江	浙江机电职业技术学院
51	高职	装备制造大类	现代电气控制系统安装与调试	江苏	常州机电职业技术学院
52	高职	装备制造大类	智能电梯装调与维护	天津	天津轻工职业技术学院
53	高职	装备制造大类	工业机器人技术应用	天津	天津机电职业技术学院
54	高职	装备制造大类	汽车检测与维修	山东	山东交通职业学院
55	高职	生物与化工大类	化工生产技术	广东	广东轻工职业技术学院
56	高职	生物与化工大类	工业分析检验	天津	天津渤海职业技术学院
57	高职	轻工纺织大类	服装设计与工艺	广东	广东职业技术学院

续表

序号	组别	专业类别	赛项名称	承办赛区	承办单位
58	高职	交通运输大类	飞机发动机拆装调试与维修	湖南	长沙航空职业技术学院
59	高职	交通运输大类	轨道交通信号控制系统设计与应用	吉林	吉林铁道职业技术学院
60	高职	电子信息大类	集成电路开发及应用	浙江	金华职业技术学院
61	高职	电子信息大类	嵌入式技术应用开发	陕西	陕西工业职业技术学院
62	高职	电子信息大类	电子产品芯片级检测维修与数据恢复	宁夏	宁夏工商职业技术学院
63	高职	电子信息大类	光伏电子工程的设计与实施	河南	许昌职业技术学院
64	高职	电子信息大类	物联网技术应用	天津	天津中德应用技术大学
65	高职	电子信息大类	计算机网络应用	福建	福建信息职业技术学院
66	高职	电子信息大类	软件测试	陕西	西安航空职业技术学院
67	高职	电子信息大类	虚拟现实（VR）设计与制作	江苏	南京信息职业技术学院
68	高职	电子信息大类	信息安全管理与评估	湖北	湖北生物科技职业学院
69	高职	电子信息大类	移动互联网应用软件开发	福建	福建船政交通职业学院
70	高职	电子信息大类	云计算技术与应用	安徽	安徽机电职业技术学院
71	高职	电子信息大类	大数据技术与应用	贵州	贵州轻工职业技术学院
72	高职	电子信息大类	4G 全网建设技术	广西	柳州铁道职业技术学院
73	高职	医药卫生大类	护理技能	重庆	重庆医药高等专科学校
74	高职	医药卫生大类	中药传统技能	山东	山东中医药高等专科学校
75	高职	财经商贸大类	会计技能	天津	天津职业大学
76	高职	财经商贸大类	互联网 + 国际贸易综合技能	天津	天津商务职业学院
77	高职	财经商贸大类	关务技能	天津	天津商务职业学院
78	高职	财经商贸大类	市场营销技能	山东	青岛酒店管理职业技术学院
79	高职	财经商贸大类	电子商务技能	山东	济南工程职业技术学院

续表

序号	组别	专业类别	赛项名称	承办赛区	承办单位
80	高职	财经商贸大类	智慧物流作业方案设计与实施	天津	天津交通职业学院
81	高职	旅游大类	导游服务	江苏	南京旅游职业学院
82	高职	旅游大类	烹饪	广东	顺德职业技术学院
83	高职	文化艺术大类	艺术专业技能（声乐表演）	北京	北京戏曲艺术职业学院
84	高职	教育与体育大类	学前教育专业教育技能	陕西	咸阳职业技术学院
85	高职	教育与体育大类	英语口语（非英语组）	山东	山东外贸职业学院
86	高职	教育与体育大类	英语口语（英语组）	山东	山东外贸职业学院
行业 1	中职	农林牧渔类	手工制茶	湖北	五峰土家族自治县职业教育中心
行业 2	高职	资源环境与安全大类	矿井灾害应急救援技术	山西	大同煤炭职业技术学院
行业 3	高职	能源动力与材料大类	金属冶炼与设备检修	天津	天津工业职业学院
行业 4	高职	装备制造大类	船舶主机和轴系安装	湖北	武汉船舶职业技术学院
行业 5	高职	公共管理与服务大类	养老服务技能	北京	北京社会管理职业学院

第五篇

国赛价值

劳动光荣、技能宝贵、创造伟大。

十二届次的大赛，为职业院校学生提供了一个展现自我、实现人生价值和职业理想的舞台，一批批优秀的能工巧匠脱颖而出，人生成才之路从此起航。

十二届次的大赛，为职业院校与合作企业搭建了一座桥梁，不断拉近彼此之间的距离，赛项设置不断服务产业升级，先进技术工艺源源不断引入院校，实现了产业、行业、企业、职业、专业的联动对接。

十二届次的大赛，催生出一大批优秀资源成果转化并服务于日常教学，2008年以来产生了24项与大赛直接关联的国家级教学成果。其中，由“开发技能赛项与教学资源推进高职机电类专业综合实训教学的改革与实践”获第七届国家级教学成果“特等奖”，也是我国职业教育领域首个教学成果“特等奖”。

十二届次的大赛，一批赛项的先进理念、教学标准、竞赛装备、教程教材落地专业建设，落地课堂教学，落地境外项目；一批具有创新性的岗位技术标准、专业设备设施反哺企业；一批技能精湛的获奖选手在职业岗位上创造出骄人业绩。

十二届次的大赛，为中国职业教育的产教融合、校企合作搭建了广阔的交流平台，为中国职业教育的优质资源、制度标准与世界深度分享搭建了崭新的交流平台。

全国职业院校技能大赛具有汇聚、展示、牵引等多重功能，对学校、企业、社会影响广泛而深入、长久而有力。大赛是职业院校改革与发展的助推器，是提升职业院校教育教学质量的有力手段，是培养双师型教师队伍的重要途径，是培养选拔优秀技能人才的重大举措，是校企深度合作的重要平台。举办大赛对宣传人力资源开发与人才强国战略，宣传培养、使用及激励高端技能人才规划，宣传尊重劳动、尊重技能、重视职业教育的人才观和教育观具有重大而深远的意义。

大赛号召全社会支持和参与职业教育，号召企业家关注新增技能人才的素质及其人力资本投入，号召各地把大赛作为展示技能、促进改革和提高人才培养质量的重要机遇。国家各有关部门参与的热情越来越高，主办单位已达35家，大赛的社会反响越来越大，职业教育的社会影响力也越来越大。大赛激发企业慧眼识真才，激发学校培养“信得过、挑得上、干得好”的优秀人才，激发全社会追捧技能人才之“星”。

一、适应需求　赢得认同

大赛应时代需求而生，顺应时代需求而发展，大赛的出现绝不是偶然现象，进入新世纪后，产业升级换代速度加快，科技进步速度明显提升，一大批新技术新工艺的出现，加剧各国对于技术技能人才的需求，随着我国经济不断发展，对于职业教育的重视程度也提升到了新的高度，大赛正是在此背景下应运而生的，经过十余年的发展，大赛已经成为我国高素质技术技能人才培养选拔的重要平台，与此同时其社会和国际影响不断提升，整体发展成效赢得各方的普遍认可。

职业教育从办学方向到专业建设，要随着经济发展方式转变“动”，跟着产业调整升级“走”，围绕企业人才需要“转”，适应社会和市场需求“变”，职业教育要增强适应性，只有适应需求，职业教育才有发展和上升的空间，大赛的发展充分说明了这个观点。

1. 承办院校评价大赛

天津轻工职业技术学院戴裕葳书记介绍，通过承办高职组“光伏发电系统安装与调试”赛项，学院引来世界最大硅太阳电池生产企业——英利集团的天津英利新能源有限公司。在建立校企长效合作机制的基础上，光伏发电技术及应用专业在人才培养模式改革、课程体系构建、教学团队建设、实训基地建设等方面都取得丰硕成果。英利集团成为学院校企合作董事会成员单位，校企共同构建了“订单培养、双证对接、赛训融通”人才培养模式；

创建了企业冠名“英利班”，学生在取得毕业证的同时取得太阳能电池制造工程师证书；构建了“三主体联动，四层次递进”的课程体系；创建了“校企双带头人、校企双骨干教师、校企双向互聘”的师资队伍建设新模式；校企合作开发建设 20 kW 分布式光伏发电站，作为学生光伏应用技术课程的校内实训基地，同时，也是英利集团光伏发电技术研发与培训中心。

天津职业大学刘斌校长介绍，天津职业大学先后承办了 2012 年、2013 年、2015 年、2016 年四次工业产品造型设计与快速成型赛项。学校通过多次承办该赛项，引领学校新增“增材制造技术（3D 打印）”专业。经过大赛，学校意识到机械制造正在迈向依靠科技进步、高技术与制造业的融合、资源消耗少环境污染小及产品附加值高的高端制造形态发展，而“增材制造技术（即 3D 打印技术）”区别于传统制造技术通过切削加工（减材制造）或模具制造产品，是快速成型加工技术，体现了信息网络技术与先进材料技术、数字制造技术的密切结合，是先进制造业的重要组成部分。我国起初并没有专门培养从事“增材制造技术”行业人员的教育机构。为满足全国制造业对该专业人才的需求，高等职业教育急需开设相关专业，为全国制造业培养大量“增材制造技术”人才。因此，学校根据天津市发展规划和区域内产业转型升级需要，依托新兴科技产业，加强“增材制造技术”亟须人才培养研究，在原有机械制造与自动化专业群的基础上，依托“全国职业院校增材制造技术应用中心”，于2016年新设立了“增材制造技术”专业。

天津市机电工业学校宋春林校长介绍，学校数控技术（数控车、数控铣及数控综合加工技术）专业是与大赛共同成长的。2008年，数控专业在我国职业院校还不够普及，随着大赛的深入及引领，有力地促进了其蓬勃发展，目前已经发展成为装备制造业的主流技术。在该校，数控技术是第一大专业，在校生达2 000多人，学校的实训基地设备设施更新换代，无论是先进性还是规模在天津市都是首屈一指的，专业设置紧贴需求，教学改革逐步深入，人才培养硕果累累。

2. 合作企业评价大赛

2012年大赛闭幕式上，亚龙智能装备集团股份有限公司董事长陈继权作为大赛合作企业代表发言时说，技能大赛作为我国职业教育制度的重大设计和创新，在探索高技能型人才培养、提高职业教育水平、推动职业教育发展等方面起到了积极的作用，广大职业院校学生直接从大赛中受益。他们亲眼所见，四川都江堰的孩子经历了汶川地震后来到了上海大众工业学校学习，2011年他参加全国职业院校技能大赛获得了一等奖，之后被德资企业才丽芙（音）聘为研发中心技术员。专家给出的评价是：这名学生的技术水平比德国学校学生的水平更高！浙江省装备制造学校一名 2008 年参加国际机电一体化比赛获得一等奖的学生，毕业后受聘于三菱公司，很快成为技术员，送到日本三菱总部去深造，成为其核心骨干。

作为大赛合作企业，亚龙集团也受益匪浅。通过大赛，更清晰地看到职业教育的发展方向，找到了更好的教育装备的研发思路。在大赛的过程中，亚龙集团的设备得到了专家们的高度关注，并为他们提出宝贵的意见。在设备改进、提升的过程中，专家们倾囊相授、悉心指导，使亚龙集团的设备更加贴近职业岗位，贴近技能型人才的培养需求。大赛还为亚龙集团提供了一个招聘人才的机会。在与大赛合作的几年时间里，亚龙集团从全国各地招聘了大量的职业院校毕业生。现在，职业院校毕业生已经占到公司员工总数的 70%，其中相当数量员工都参加过国家级、省市级技能比赛。在公司内部的员工技能大赛中，他们也是佼佼者。不少人迅速脱颖而出，成为管理人员，成为工程技术服务的主力。

联想集团副总裁李祥林讲述，联想依托大赛，助力职业教育改革，促进人才培养，深化校企合作。联想秉承以赛促专业建设与专业发展的理念，通过大赛平台积极开展赛项成果的教学转化工作，与全国 50 多所高职院校建立了移动互联网技术人才培养相关合作；校企联合开发完成了专业核心课程和岗位项目实训课程 6 门；通过师资国培和省培等形式培训移动互联网软件开发专业教师 80 多人，向产业输送移动开发高技术技能型人才 500 多人。联想集团依托大赛平台，建立了技术技能人才与企业的顶岗实习与就业的对接桥梁，积极引进参赛优胜选手进入联想集团及联想产业链的相关企业进行顶岗实践和就业。2014 年，在第七届全国职业院校技能大赛高职组“移动互联网应用软件开发”赛项优胜选手步连伟同学，大赛后加入联想实习工作，通过自身的努力，快速成为了团队的骨干和中坚力量。通过大赛平台，联想与国内 120 多所职业院校建立了“产－学－研－用”一体化的战略合作伙伴关系，积极探索校企人才培养模式的创新，依托企业的优势环节，重点在企业文化、职业素养与职业精神的培育、岗位最后一公里的专业技能和岗位技能的训练、学生创新与创业能力孵化等方面开展深度校企合作，初步形成了学校、企业、学生三方共赢的价值链。

3. 中外专家点评大赛

大赛举办期间，有很多来自中外的专家、学者、专业人员，对技能大赛的意义、影响和在职业教育中的作用，进行了精辟的点评。

世界技能大赛组织主席杰克·杜赛多普来自澳洲，曾两次参加大赛。在“2008 年中国职业教育改革与发展高峰论坛”上，杜赛多普做了主题为“世界技能大赛对职业教育的促进”的演讲。他认为，大赛完善的制度体系，使优秀选手具备了参加世界技能大赛的条件和实力，使中国技能型人才拥有了强大的、世界水准的竞争力。他说，职业技能竞赛非常有意义，它为青年创造了未来。技能大赛产生的鼓舞人心的效应无处不在，技能大赛令大多数人确信，技能培训可以为他们的子女提供一个通往美好可靠前途的途径。同时，技能大赛为年轻的参赛选手和他们的国家教育培训体系提供技能等级标准。

北京交通大学教授、联合国教科文组织产学合作教席主持人查建中，在智能工程及其应用和智能交通系统等领域建树颇多。他对大赛有着深入的研究，发表多篇论文，认为大赛是面向职场教育的非常重要的教学活动形式。它通过以学生为中心的大赛全过程，使学生体验职场全面的人才需求和文化特征，学会学习、学会做事、学会合作、学会做人，发展创新创业的能力，成长为合格的“职业人”。

中国职业技术教育学会副会长、上海市职业教育协会会长、上海高职教育发展研究中心主任马树超，历任多届大赛仲裁委员会主任。他认为，职业院校技能大赛对职业教育工学结合人才培养模式改革和现代教学理念的传递具有重要意义。大赛具有较高的社会开放度和企业参与度，突破了传统学科竞赛的封闭模式，扩大了职业教育对社会的影响。通过举办大赛，能够把职业教育教学改革的理念逐步渗入到全国各地的职业院校当中，形成了一种推动改革，鼓励创新的氛围。

4. 招聘企业盛赞大赛

大赛拉近了企业与潜在员工的距离，学生们忙竞赛，企业就忙“抢人”。在大赛期间，“企业家观摩团”深入比赛现场，实时“物色”，广发“邀请函”。大赛打通了横亘在学校、学生、企业间的障碍，为人才培养开辟渠道，铺平道路。大赛期间，中兴、思科、中交一航局、中建六局等诸多知名企业，提供大量高职、中职就业职位。

从 2009 年第二届大赛开始，主赛区同期组织技能大赛选手招聘会，在主赛区参加比赛获奖的选手都有资格参加招聘，也有其他赛区慕名而来的获奖选手。据不完全统计，2009 年～ 2019 年大赛获奖选手招聘会邀请招聘企业累计 570 家，提供岗位超过 6 000 余个，现场签约率达到 85% 以上，专业对口率达到 95%。据 2017 年大赛招聘会招聘企业反映，他们对战略性新兴产业的高级技术型人才需求很大，这些选手不仅理论知识过硬，动手实践能力也很强，短期实训后就能上岗，企业愿意给以高薪，加以重用。同时很多企业负责人表示，这些选手学习能力强、对自己定位准确而且踏实肯干，这正是企业中意大赛选手的原因。

每年的招聘会，国有大型企业主动参与，中交第一航务工程局有限公司多次参加招聘会，其人力资源部门负责人表示：“我们招聘的几名技能状元，不仅动手能力强，还精通设计和维护，上手快、后劲足。”他认为，大赛是高技能人才汇聚的平台，给企业带来新生的力量；大赛是强劲新人力资本的平台，给企业输送激情澎湃的“新能源”；大赛是校企命运共同体的平台，给学校和企业带来深度认同式合作的机遇。

在2013年招聘会上，来自四川的中国工程物理研究院派出了强大的招聘阵容，同时也是全场招聘人数最多、薪资水平最高的单位。“我们就是来‘抢人’的，把收入定得高些才能留住人才，尤其是像我们这样的中西部单位。”该单位人力资源部门负责人说。作为科研单位，该院对于学生的专业基础要求比较高，通过技能大赛招聘来的学生都会配备导师，针对岗位制定为期一年的培养计划，其中包括专业基础知识和设备制作技能等。“全国职业院校技能大赛的选手操作能力强、领悟力强，而且经过大赛的磨炼，也具备较强的抗压能力，能够发挥骨干作用。”孟庆津是他们在2008年数控大赛上挖掘到的选手；2010年，小孟参加工作刚刚一年多，便在该院第20届职工职业技能比赛中获得二等奖，并取得技师资格，实现了普通技术工人至少需要15年才能完成的“三级跳”；2012年，小孟又不负众望，在第5届全国数控技能大赛中取得数控车职工组第一名的优异成绩。这样的人才，企业求贤若渴。随后届次的大赛招聘会，中国工程物理研究院多次参加，入职起步薪酬创下新高，超过 10 000 元 / 月。

5. 媒体竞相报道大赛

大赛自举办以来，广受媒体关注。据统计，十二届次大赛仅天津主赛区一地，累计 600 余家媒体，3 000 余名记者到天津报道大赛盛况。大赛期间，中央电视台、新华社、《人民日报》、《光明日报》、《中国青年报》、《中国教育报》、各地方电视台、各地报纸报刊聚焦大赛热点，连篇累牍，妙笔生花；《中国职业技术教育》、《教育与职业》、《天津职业院校联合学报》等期刊杂志刊发大量文章，深度剖析，精准解读；新华网、人民网、凤凰网、北方网、全国职业院校技能大赛官网等知名网站对大赛进行了全方位、多角度宣传报道，在全社会营造了关心和支持职业教育的良好舆论氛围。其中，《中国职业技术教育》每年开出专刊报道大赛盛况，《中国教育报》、《天津日报》等报刊开辟专栏对大赛进行持续详尽报道，新华网也建立专题版块跟进报道精彩赛事活动。

二、服务发展　五业联动

大赛在开办最初几年，赛项数量不多，尚属于探索阶段；到 2012 年，赛项数量激增到 96 项，其中，第一、第二、第三产业涉及的赛项比例达到了 10 : 46 : 44，与当年我国国民经济产业结构中三大产业的比例大致相当。从 2013 年起，赛项不断优化，开始布局新兴产业，第三产业赛项数量亦不断增加，契合了我国国民经济产业结构不断转型调整、优化升级的趋势；到 2018 年，赛项设置紧密对接新产业、新技术、新业态发展。其中涉及智能制造、高端装备、信息技术、新能源等新产业、新业态近 30 项，占全部赛项近 40%，包括工业机器人技术应用、制造单元智能化改造与集成技术、数控机床装调与技术改造、云计算技术与应用、互联网 + 国际贸易综合技能、新能源汽车技术与服务等。涉及健康生活、绿色环保的赛项近 10 项，包括了农产品质量安全监测、大气环境监测与治理技术、风光互补发电系统安装与调试等。

十二届次的大赛，赛项设置每年都有变化和调整，这些变化和调整，有的应对了产业急需、有的体现了与时俱进、有的解决了社会热点问题、有的呼应了技术升级、有的服务了国家重大战略、有的引领了生活时尚、还有的带动了经营模式变革……应该说，大赛日益成为激发产业、行业、企业、职业、专业“五业联动”的重要引擎。

1. 赛项设置适应产业发展

——2008 年“动画片制作”赛项

2006 年，国务院颁发了《国家“十一五”时期文化发展规划纲要》，明确提出要把文化产业体系建设作为“十一五”期间重点扶持和建设的产业，并确立了动漫在文化创意产业中的地位。国务院办公厅也向相关部门转发了《关于推动我国动漫产业发展的若干意见》。在政府一系列政策的指导和推动下，社会各界高度关注动漫产业，动漫产业步入井喷式发展阶段，优秀动漫人才的需求激增。首届大赛适应产业发展需求，设置了“动画片制作”赛项。

——2009 年“3G 基站建设维护及数据网组建”赛项

2009 年，是中国的 3G 元年，三大移动通信运营商的 3G 网络正式投入商用，全国 284 个城市开通 3G 业务并全部开始正式商用，全国所有县、镇均建基站。为助推通信技术产业发展，大赛设置“3G 基站建设维护及数据网组建”赛项。

——2010 年“物流类”赛项

2010 年，中国电子商务行业呈现出量变到质变的飞跃，被业界称为电子商务发展元年。然而，线下物流体系的不完善，成为阻碍电子商务迅猛发展的一大瓶颈。一方面，线上成交额日创新高；另一方面，线下快递服务严重滞后，“爆仓”事件频发，导致广大网民怨声载道。如何培养更多专业知识扎实和技能过硬的物流人才，成为职教界关注的热点。2010 年，大赛增设“进出库作业”（中职组）和“储配方案的设计与执行（高职组）”等物流类赛项，是对这一热点的回应。

——2011 年“新城疫抗体测定”赛项

2011 年，大赛增设“新城疫抗体测定”赛项，主要是适应国内多地出现禽流感和鸡新城疫疫情病例（2010 年全国共报告鸡新城疫疫情 560 起），对多地农业生产、人民身体健康和生命财产安全造成重大威胁。李克强总理从食品安全的高度作出重要批示，要求各界积极参与，营造全社会共同关注、支持、维护食品安全的良好氛围，保障人民群众身体健康和生命安全，促进经济社会协调发展。

——2012 年“电梯维修保养”“智能电梯装调与维护”赛项

2012 年，大赛设置“电梯维修保养”（中职组）和“智能电梯装调与维护”（高职组）赛项，与前两年频发的“电梯惊魂”事件有直接关联。“电梯惊魂”事件暴露出电梯制造行业的诸多技术和管理缺陷，引发广大群众对电梯安全的担忧。在“2012 年电梯安全国际研讨会”上，国家质检总局负责同志作了题为《创新发展 真抓实干 全力促进公众安全乘用电梯》的报告，并通报了中国电梯发展与安全状况。研发和生产更精准、更安全、更舒适的“智能电梯”是人心所向，培养更多电梯专业人才的需求日益迫切。大赛设置电梯装调与维护类赛项，可谓是应需而生。

——2013 年“文秘速录专业技能”赛项

经济高速发展，社会节奏越来越快，文秘的工作效率更是一个企业高效率工作的核心。从2008年开始在全国逐渐兴起了一种与国际接轨岗位——速录文秘。随着就业准入制度标准化、技能的专门化、考评的制度化，正在推动中国广大速录文秘的素质提高，也成就一大批在办公领域实现高效办公、自动化办公、无纸办公的管理者的梦想。2013年，大赛增设“文秘速录专业技能”赛项，正是对这一社会需求的积极响应。

——2014年“煤矿瓦斯检查（煤矿安全）”赛项

煤炭是我国的主要能源，煤炭行业是高危行业，煤矿安全生产始终是安全生产的重中之重。2013年1月24日，国家安全生产监督管理总局签署了第58号令，颁布实施《煤矿矿长保护矿工生命安全七条规定》，主要内容就是“七个必须、七个严禁”，抓住了煤矿安全生产的主要矛盾和关键环节。煤矿瓦斯检查对煤矿安全生产非常重要，而该项操作具有极强的技术性和专业性，为了促进与之相关的专项技能人才培养，2014年，大赛中、高职组同时设置了“煤矿瓦斯检查（煤矿安全）”赛项。

——2015年“船舶主机和轴系安装”赛项

2015年，在我国提出“一带一路”倡议构想一年多之后，各界翘首企盼的“一带一路”路线图正式公布。“一带一路”是世界上最长的经济走廊，也是最具经济发展潜力的经济带。作为海陆交通重要设施，以高铁和船舶为代表的交通基础设施项目大幅增加，对轨道交通和船舶专业人才的数量和质量提出了更高要求。为此，大赛增设“船舶主机和轴系安装”赛项。

——2016 年“大气环境监测与治理技术”赛项

2015 年，“雾霾”肆虐引发国家对大气治理的高度关注，大气环境检测与污染防治成为百姓的热议话题。为加强相关专业人才培养力度、促进相关产业技术设备的研发与生产，2015 年，大赛开始设置“大气环境监测与治理技术”赛项，2016 年，赛项连续举办，并得到全面升级完善。

——2017 年“虚拟现实 VR 设计与制作”赛项

从 2016 年下半年开始，一款“捉精灵”手机游戏在世界各国迅速蔓延，连政府首脑也不能免俗。它的爆红提示着虚拟现实技术即 VR 时代的到来。虚拟现实技术迅速从最初单纯的游戏向生活、工作各个方面扩展：虚拟会议、虚拟赛场、虚拟医疗服务等不断涌现。这些在为我们生活提供越来越多便利的同时，也对设计、研发和应用技术提出了越来越高的要求。2017 年虚拟现实技术创新与应用论坛、虚拟现实应用创新大会、虚拟现实技术应用研讨会等先后在沈阳、杭州、北京等中心城市举行。为顺应产业发展，大赛设置了“虚拟现实 VR 设计与制作”赛项。

——2018 年“新能源汽车技术与服务”赛项

赛项紧跟国家新能源汽车发展战略，服务新能源汽车产业领域人才培养的需求，引领职业院校相关专业和课程建设。赛项对接纯电动汽车企业先进技术和行业标准，把真实工作过程、任务和要求融入比赛环节，注重团队合作，注重德技双修，能全面展示学生新能源汽车技术与服务的综合职业能力。

——2019 年“艺术插花”赛项

2019 年，是深入贯彻落实全国教育大会精神和《国家职业教育改革实施方案》的开局之年，一系列职业教育改革的具体举措相继出台，改革力度前所未有。“艺术插花”赛项瞄准行业发展需要和市场需求，加快培养园林事业发展急需的技术技能人才。将我国传统插花与现代花艺并行，旨在传承与弘扬我国优秀传统文化，增强文化自信，引导我国插花产业健康发展，使之符合我国现代服务业发展的需要和人民对美好生活的需要。为此，大赛设置了“艺术插花”赛项。

2. 赛项设置适应技术升级

信息技术飞速发展，我国信息产业技术升级换代步伐不断加快，社会对信息和通信类专业技术技能人才综合职业能力不断提出新的要求。在大赛的赛项设置中，信息和通信类赛项始终保持突出地位，适应技术升级。

——2008 年“企业网络搭建及应用”赛项

随着互联网技术在商业领域的普及，我国广大企业都进入了互联网时代，企业对网站建设的需求激增，出现了巨大的市场缺口。

——2009年“3G基站建设维护及数据网组建”赛项

信息技术发展迅猛，3G技术已在我国正式投入商业运营，大量的3G基站建设人才成为急需。

——2010年“计算机网络组建与安全维护”赛项

Conficker蠕虫、6省断网事件、网络战争、社交网络威胁等相继出现，表明大量的新型技术正在被网络攻击者使用，信息安全形势变得更加严峻。

——2011年“三网融合与网络优化”赛项

2011年，是我国三网融合的关键之年，工业和信息化部与国家广播电视总局共同推出了三网融合的具体规划，三网融合已经上升到国家战略的高度。三网融合的大时代下，广播电视行业想要做更多的增值业务，就必须进行双向网络改造，当年，我国双向网络覆盖的用户已经超过6 000万户。

——2012年“物联网技术应用”赛项

中国物联网开始从书本概念走进实际生活，在智能家居、智能交通、智能城市、精准农业解决方案等方面有了越来越广泛的应用。为满足物联网技术应用领域快速增长的人才需求，引导高职院校及社会各界关注物联网产业，促进物联网技术（包括自动识别、网络传输、应用开发等）的普及，引领相关专业的教育教学改革与专业建设，大赛设置“物联网技术应用”赛项。

——2013 年“移动互联网应用软件开发”赛项

以手机网游为代表的各类应用市场迅速增长，腾讯、360、盛大等传统互联网巨头进军移动互联网，智能手机大量普及更是触发了移动互联网爆发，各种各样的 APP 开始渗透到我们生活的方方面面。

——2014 年“云安全技术应用”赛项

随着公众对云安全关注度的日益提高，能否为用户提供有效的云安全保障已经成为电子商务和云计算服务商的核心竞争力，云安全创业成为风险投资的新热点。为了更好地普及云安全技术应用，培养更多的云安全技术人才，大赛设置了“云安全技术应用”赛项。

——2015 年“4G 全网建设技术”赛项

截至 2015 年，4G 网络已经成为移动通信运营商争夺市场的关键，我国的 4G 用户人数已经达到 3.56 亿，仅 2015 年新增的 4G 用户数就接近美国的总人口数,大赛新增了“4G 全网建设技术”赛项。

——2016 年“嵌入式产品装配调试”赛项

嵌入式技术飞速发展，涉及的领域越来越广泛，如手机、PDA、车载导航、工控、军工、多媒体终端、网关、数字电视等。当今社会关注的热点也体现在这些领域，如资源循环利用、智慧交通管理、无人驾驶技术、机器人技术等。大赛在前两年成功开设“嵌入式产品开发”和“嵌入式应用开发”赛项的基础上，于2016年新增“嵌入式产品装配调试”赛项。

——2017年“大数据技术与应用”赛项

中国的网民数量跃居世界第一位，网络正全面改变和深刻影响着人们的生产生活方式，成为人们获取信息、学习交流、休闲娱乐、创业致富、实现梦想的新空间。移动互联网、电子商务、物联网以及社交媒体的快速发展更促使我们快速进入了大数据时代，人们日常生活中的数据量已经由TB级别跃升到PB、EB乃至ZB级别，数据将逐渐成为重要的生产要素。为此，大赛设置了“大数据技术与应用”赛项。

3. 赛项设置适应“两山”理论

绿水青山，就是金山银山。

2005年8月15日，时任浙江省委书记的习近平在浙江湖州考察时，首次提出了“绿水青山就是金山银山”的科学论断。大赛关注三农，关注环保，自2010年第三届大赛起，陆续设置了农业技能和节能环保类赛项。

——2010年“动物外科手术”赛项

赛项内核是在规定时间内按动物外科手术要求，完成动物某个器官切开缝合手术，包括打结、缝合、采血等具体技术。这项技能具有很强的操作性和实践性，对培养学生的临床操作技能和动手能力发挥着重要作用。

——2011 年“农机具维修”赛项

大赛分别于 2010 年、2011 年、2012 年、2014 年、2017 年在中职组设置该赛项，并于 2011 年开始在高职组开设“农机具维修”赛项，自此大赛两个组别都设置了“农机具维修”赛项，引领农机类专业技术技能人才的衔接培养。

——2012 年“光伏发电设备安装与调试”赛项

高职组首次设置“光伏发电设备安装与调试”赛项，中职组也设置了该赛项。赛项的设置，体现了节能环保的理念，具有很强的应用价值。

“水环境监测与治理技术”赛项，“大气环境监测与治理技术”赛项，以及“种子质量检测”“植物组织培养”“蔬菜嫁接”等赛项的成功设置，引发社会广泛关注。

4. 五业联动创新办学模式

2005 年，天津市与教育部共建首个“国家职业教育改革试验区”; 2010 年，与教育部共建，升级为唯一“国家职业教育改革创新示范区”; 2015 年，再度升级为“国家现代职业教育改革创新示范区”，一个具有天津特色、时代特征、世界水平的职业教育体系在天津初步形成。基于独特职业教育发展历史和国家试验区（示范区）建设实践，天津在产教融合办学机制方面率先提出了“五业联动”发展思路，举起了职业教育办学模式结构性改革的大旗。

2020 年 1 月，在国务院办公厅印发的《国务院办公厅关于推广第三批支持创新相关改革举措的通知》（国办发〔2020〕3 号）中，在第一大项“推广改革举措”中，明确提出“五业联动”的职业教育发展新机制。“五业联动”办学模式的提出，进一步推动了职业教育教学改革与产业发展同步，进一步推进了行业企业紧密参与人才培养全过程，也进一步推升了职业教育服务经济社会发展的核心竞争力。

自 2014 年起，由天津市教育委员会设计主导，连续举办“五业联动”高端讲堂 30 余期，邀请国内外行业企业专家围绕职教优势专业群对接优势产业群等问题，具体探索产业、行业、企业、职业、专业“五业联动”机理过程、理论内涵和运作模式，分析经济发展趋势，剖析产业对技术技能人才需求。这些活动，有力促进了“五业”之间人力资源建设机制，产教融合双赢机制，资金资源多元投入和调整机制，信息资源有效共享机制建设，为国家现代职业教育示范区建设和职业教育的高标准领先发展增添了活力。

2019 年第十二届大赛期间，“人工智能背景下展望职业教育未来”五业联动高端讲堂在天津电子信息职业技术学院举行。论坛邀请中国新一代人工智能发展战略研究院执行院长、世界工程组织联合会（WFEO）当选主席、俄罗斯宇航科学院外籍院士龚克教授，东南大学博士生导师、江苏省仪器仪表学会秘书长陈熙源教授，华为人工智能认证和专业建设首席架构师张志峰做主题报告。

龚克教授以“人工智能中国战略和青年责任”为题，详细讲解了人工智能的内涵、人工智能发展到新阶段发挥的作用及遇到的瓶颈、人工智能应用发展趋势、中国发展新一代人工智能的定位和部署，同时提出要加强人工智能治理，确保人工智能健康发展造福人类。陈熙源教授围绕“卫星导航系统及定位技术”等方面介绍我国北斗卫星导航的发展历史、未来趋势及目前应用情况。张志峰在报告中指出，华为一直以来走在人工智能领域的前列，并提出人才是关键，人工智能时代需要数据科学家、领域专家、数据科学工程师相互协作，才能推动人工智能全面发展。

同期，首届全国 1+X 证书制度高峰论坛——“产业、行业、企业、职业、专业”五业联动高端讲堂在天津机电职业技术学院举行。立足《国家职业教育改革实施方案》总体要求，瞄准“建设制造强国”目标，以先进装备制造业为抓手共话落实五业联动推进国家资历框架体系和 1+X 证书制度实施的机制。该活动由天津市教育委员会主办，邀请了来自 5 位全国知名职业教育专家学者，以及京津冀现代制造业职教集团理事单位及天津市多家职业院校和企业代表参加，共同研讨“五业联动”发展模式下如何做实 1+X 证书制度和国家资历框架体系的新思路和新途径。

5. 五方携手构筑发展平台

京津冀协同发展是国家重大战略。天津率先谋划职教协同发展，构建三地行政部门协作机制，搭建三地教科研协同发展平台，首倡“五业联动”“五方携手”大思路，建立三地院校共研、共建、共享、共用、共赢“五共”机制。在共识的基础上，抓住协同要义，突破协同瓶颈，创新协同路径，着力构建京津冀职教协同发展的有效模式。京津冀根据天津确立的产业、行业、企业、职业、专业“五业联动”的大思路，通过政（政府）、行（行业）、企（企业）、校（职业院校）、研（研究机构）“五方携手”合力机制，围绕三地产业布局，组建京津冀职教集团、职业教育联盟，搭建协同发展平台。借助大赛多个创新发展平台，为三地交流办学经验、探索教学模式、构建体制机制、整合教学资源、分享经验成果提供了良好沟通合作渠道。

2015 年 5 月，京津冀协同发展现代职业教育 · 健康服务业人才培养产教对接论坛在天津医学高等专科学校举行，京津冀教育主管部门、北京市和河北省相关院校出席论坛。会议以“汇聚政、行、企、校、研五方力量，服务京津冀健康服务业人才培养”为主题，正式成立京津冀卫生职业教育协同发展联盟。同年6月，现代职业教育·石油化工行业京津冀产教对接会在天津召开，正式成立石油和化工行业职业教育京津冀合作联盟，该联盟汇集了政府部门（政）、行业协会（行）、领军企业（企）、职业院校（校）、科研院所（研）等多方力量，将促进京津冀区域建立适应现代石化产业发展人才培养作为首要协同工作的切入点。

2016年大赛期间，京津冀协同发展现代职业教育·养老服务产教对接会在天津城市职业学院举行，会议期间成立了中国养老产教联盟（中国养老职教集团），联盟单位达340家。相关行业产业部门、职业院校正式组建“全国民政行指委京津冀养老专业人才培养产教协作会”，搭建京津冀不同院校相同专业群对接多企业、多岗位的产教融合、校企合作模式。同期，京津冀鲁汽车职业教育联盟成立大会在山东省德州市举行，这是全国首家由汽车行业、汽车企业、职业院校、行业协会组织组成的职教联盟。该职教联盟以汽车专业为纽带，联合全国名优企业和京津冀鲁区域相关院校成立，主要涵盖汽车制造、汽车维修、装具、钣金喷漆、汽车销售、新能源汽车等相关专业，旨在促进京津冀鲁四地汽车职教名校、汽车行业、知名企业强强联合，服务京津冀协同发展。

2016年，京津冀协同发展产教对接会成果丰富，5个京津冀协同发展现代职业教育产教对接会在天津召开，分别涉及食品安全、智能制造、养老服务和现代服务等方面。在原有 8 个三地产教对接平台成功构建的基础上，继续丰富对接内涵，邀请三地行政部门、行业、企业、职业院校和科研机构等人员出席，签订三地职业教育产教合作协议，开通产教信息发布网站，全面构建起“政、行、企、校、研”多方沟通、服务、管理、应用、信息合作平台，为进一步推动京津冀三地职业教育发展起到了促进作用。

2017 年大赛期间，现代职业教育·装备制造业产教对接会暨京津冀现代制造业职教集团成立大会在天津机电职业技术学院举行。京津冀三地相关职业院校、行政部门、行业企业、科研机构、知名高校等 60 余家单位以服务“中国制造 2025”、京津冀协同发展为宗旨组建了京津冀现代制造业职教集团。京津冀现代制造业职教集团以深化产教融合、校企合作，创新制造业技术技能人才系统培养机制为工作重点，充分发挥政府推动和市场引导作用，形成多层次、立体化办学体系，通过创新京津冀区域内部合作机制，全面增强京津冀现代制造业职教集团服务功能和水平。

2018 年大赛期间，“中国制造 2025”先进装备制造业产教对接高峰论坛在天津召开。来自京津冀现代制造业职教集团的 28 家理事单位以及天津市的 24 家高职院校、24 家中职院校、18 家企业的代表出席了本次大会。会议以产教对接高峰论坛作为契机，充分发挥企业在实施职业教育中的重要办学主体作用，成立一年来，职业集团加大工作力度，促进政、行、企、校、研进行全方位的交流与合作，推动形成产教融合、校企合作、工学结合、知行合一的共同育人新机制。

2019 年大赛期间，京津冀协同发展“现代服务业”产教对接会暨“人工智能 + 现代物流”技术产品展示活动在天津交通职业学院举行。该会议暨活动由天津市交通行业职业教育教学指导委员会、京津冀沪宁晋川交通职业教育集团联盟主办。以“融合、创新、发展、共享智慧物流新时代”为主题，邀请青年学者围绕“智慧物流”建设下的国内外物流发展黑科技、智慧物流人才培养和物流教育交流合作等方面进行广泛交流和深入探讨，为物流行业的发展搭建了互通、创新的交流平台。

三、服务教学　推动改革

为加强技能大赛对职业教育教学改革与专业发展的引领服务作用，进一步拓展大赛成果在教学过程中的推广和应用，根据《全国职业院校技能大赛三年规划（2013—2015 年）》，大赛专门针对赛项资源转化工作制定了相关的管理办法，要求将竞赛全过程的各类资源进行充分的资源转化，这些资源包括基本资源和拓展资源。基本资源是技能介绍、训练大纲、技能要点、评价指标等技能概要内容以及训练单元的操作流程、教学方案、训练指导、作业 / 任务、实验 / 实训 / 实习资源等。拓展资源多为较成熟的多样性辅助资源，例如，点评视频、访谈视频、试题库、案例库、素材资源库等。这些赛项资源转化为符合行业标准、契合课程标准、突出技能特色、展现竞赛优势的教学成果后，形成满足职业教育教学需求、体现先进教学模式、反映职业教育先进水平的共享性职业教育教学资源。

1. 大赛成果扩充教学资源

在赛项资源建设过程中，如何将竞赛理念、内容及考核方式融入日常综合实训教学，将现代生产工艺流程、技术标准、服务规范引入教学内容，将学校教学过程和企业生产过程结合是职业教育工作者不懈努力的目标。很多职业院校在总结多年备赛和参赛经验后，开发建设了指向技能赛项对应装置的通用性设备学习资源、基于技能赛项对应专业的综合性实践教学资源、衔接国际技能赛项和教师学生开展赛项活动的服务资源。

大赛资源转化成果促进了专业建设，扩充了教学资源。大赛各个赛项赛后均要求制作时长 15 分钟的赛项宣传片、时长 10 分钟左右的获奖代表队（选手）的风采展示片和竞赛过程视频资料等。这些都是难得的资源转化的基础材料。例如，2013 年～ 2017 年五届大赛中，“物联网技术应用”赛项制作风采展示视频 83 部，竞赛方案和竞赛资料已转化为教学标准、考核标准和实训指导书等，并成为专业教学的宝贵资料；“三维建模数字化设计与制造”赛项开发了 6 套技能介绍、6 套训练大纲、32 个技能要点和 96 项评价指标；“云计算技术与应用”赛项开发了 29 个实操录屏（共 1.6 G 容量）的技能介绍、11 个技术操作手册、50 个技能要点和 47 个评分标准；“计算机网络应用”赛项开发了 33 部评点视频、2 部访谈视频、114 套试题、316 项案例和 8.6G 的素材资源库。

此外，包括《电气安装与维修项目实训》《电工技术基础与技能》《机电一体化设备组装与调试》《机电一体化设备维护与管理》《机电一体化设备组装与调试实训》《会计综合实训》《营销实训教学案例》等在内的一百多部教材先后出版，为相关专业教学提供了优秀的课程资源。

国家级教学成果特等奖《开发技能赛项与教学资源，推进高职机电类专业综合实训教学的改革与实践》成果提到，赛项资源开发与转化应立足于工程实践案例的“真度”，机电技术应用的“深度”，训练创新空间的“广度”，教学资源内容的“厚度”，软硬系统结合的“密度”，虚拟仿真形式的“效度”，教学学习过程的“乐度”，人才培养目标的“适度”。通过“八度”赛项资源开发与转化，将赛项设备转化提升为教学设备、赛项任务转化设计为教学项目、赛项内容转化建设为课程内容、赛项标准转化完善为教学标准、赛项评价转化形成为教学评价。

2. 大赛标准完善教育评价

大赛不仅考核技术应用能力，更对学生实际操作能力进行考核，将学生职业道德、职业素养等基本要求融入考核标准，体现对学生知识、能力和素质的综合评价要求。学校在教学中参照大赛的标准，进一步完善教学评价体系，学校采取多种评价方式，既注重过程考核，也注重结果考核，明确每个作业项目的考评要点，培养学生的质量意识，实现职业资格与专业技能训练的完全融合，建立以技能为核心的教学质量监测体系。

例如，报关技能大赛的赛题标准是根据《报关行业服务规范》和《报关员国家职业标准》以及行业前沿发展，设计竞赛内容和竞赛程序。赛题考核包括相关随附单证获取与选择、报关单填制与复核、报关单申报与修改，以及报关单证管理等相关单证处理技能；也包括进出口商品信息分析、归类依据确定、商品编码确定等归类技能；以及办理相关报备与报核手续、办理现场交单、配合海关查验、办理海关审结后的放行手续、办理与报关相关的其他增值服务、通关成本核算等现场通关作业技能。赛题既考察参赛选手技能操作能力，又考察参赛选手职业精神。这些赛题，引领了职业院校报关专业人才培养模式创新和教育教学改革。

由于大赛的赛项设置吸收了行业最前沿的技术和最先进的标准，以大赛考核标准为切入点，进行相关教学标准的开发与调整，可以更加严谨而规范地将教学标准与行业岗位需求相统一，建立起理论与实践、教学内容与岗位需求相适应的课程体系。根据大赛的赛项标准、要求、考点，将技能大赛的知识、技能、素质考核要求融入教学标准，在该标准的基础上整合课程内容，在日常教学过程中将大赛所需知识在课堂上进行讲解、将大赛所需的技能在课堂上进行训练、将大赛所需的素质在课堂上进行培养，为从根本上对整个教学过程进行改革形成教学标准保障。

2012 年 6 月，天津市根据大赛标准对接教学标准的理论，开展了以先进制造业领域专业为重点的 50 个国际化专业教学标准的开发试点，加强了职业教育的国际交流，深化了职业教育的中外合作办学，也推动了国内外优质职业教育资源的互补与共享。

3. 大赛装备促进条件提升

大赛使用设备是按照企业生产一线设备确定的，这就要求各地院校必须使用大赛选定设备准备比赛。这就促使各地院校必须与企业深度合作，投入资源购置设备和教学用具，共建校内外实训基地。自 2008 年以来，在大赛的引领下，国家、地方、行业、学校齐动员，职业院校的教学资源日益丰富，特别是实训资源日新月异，许多学校的实训基地建设甚至已达国际水平。现代化的实训基地建设，为提升学生实训技能提供了真实的业务操作平台。有了这样的实训条件，职业院校的教学效果有了明显提高。另一方面，实训基地的建设和提升，也反哺了大赛的发展。

例如，“云计算技术与应用”赛项的承办单位山东商业职业技术学院，与赛项合作企业中国电子科技集团公司第五十五研究所共同投资建设了包括云计算大数据实训中心、云计算大数据技术协同创新中心和云计算大数据技术服务中心三部分的云计算大数据中心，打造集人才培养、科技创新和创业孵化一体化的平台。又如，天津中德应用技术大学以技能竞赛为引领，认真消化、吸收竞赛成果，联合龙头企业，选取“实训场所、氛围营造、装备选用、指导教师、实训耗材、场地管理、教学标准、课程教材、技能鉴定、培训服务、过程监控”11个维度，以“理论实践一体化、强化技能训练、职业资格培训鉴定、职业素质训导、对外技术服务、企业文化促进”为建设原则，建设了集技能竞赛、实践教学、技能鉴定、社会培训、技术研发为一体的，与企业技术装备水平紧密对接的实训基地，优化了职业教育实训基地建设内涵。

自2010年以来，天津中德应用技术大学通过大赛引进的技术研发中心、体验中心和实训中心等12个实训中心，已在全国职教师资培训、技术员工培训发挥作用，直接推进了飞机制造技术、电气自动化技术、机电一体化技术、楼宇智能化工程技术、数控维修、数控技术等重点专业实训基地的建设。其中成果开发的机电类专业综合实训课程教学标准已纳入了2012年11月教育部首批发布的专业教学标准。

通过大赛，天津市职业院校校企共建了一大批校内实训基地，新增高效依托型校外实训基地千余个。以技能大赛为引领，校企共建与企业技术装备水平紧密对接的实训基地，优化了职业教育实训基地建设内涵，并在全国范围内形成了广泛的校际、校企共建，实训资源共享的良好氛围。

四、价值导向　提高质量

2008年首届大赛结束时，笔者作为亲历者与参与者，策划者与建设者，深度思考了首届大赛的赛项专业特色与国赛功能价值，撰文发表《谈2008年全国职业院校技能大赛专业特色和价值内涵》，提出了大赛的四种价值，现在看来还有很强的现实意义，摘编其中部分内容如下。

1. 推动内涵建设的教育价值

在赛项的设定上，体现现代制造业、高新技术产业和文化创意产业的发展要求，突出技术技能含量的高与新；在设备的选择上，具有民族性、主流性、先进性、兼容性、发展性等特点；在标准的制订上，体现科学适用、理论联系实际、手脑并举、基础与创新兼顾、强调策略技能及技术综合运用等原则；在评委的挑选上，选取行业企业的技术能手、德高望重的技能大师、点石成金的能工巧匠、院校“双师”型的素质教师。这些宝贵资源通过大赛这个载体，无疑能形成质量品牌效应和示范辐射效应。

2. 探索制度突破的创新价值

技能大赛落户天津，每年在天津举办一次全国职业院校技能大赛，并将其制度化、固定化，形成“普通教育有高考，职业教育有大赛”两条平行轨道、两种教育类型的制度设计，是我国教育改革的一项制度创新，更是职业教育在人才评价机制和选拔机制上的一次有益尝试。将技能大赛的激励机制与市场经济的竞争机制结合起来，将检验技能教学的评价机制与企业优先选用获奖者的用人机制联系起来，将职业院校培养过程的育人机制与行业企业使用过程的用工机制协调起来，还有多方合作、共同参与的沟通机制以及校企合作、工学结合的培养机制等，都将通过大赛体现其生命力，构成中国特色高等职业教育的组成部分。

3. 实现多元互动的聚合价值

中央和地方互动；天津市作为我国首个国家职业教育改革试

验区，一项重要的举措就是与教育部联手举办每年一度的职业技能大赛，大赛基地及其建设功效长久、任重道远、前景光明。部门联合互动；技能大赛犹如合作链，教育、劳动、交通、公安、卫生、体育、旅游、电力、商业等部门，就像是相互关联的链条，环环相扣、密不可分，大赛是一个多元素组成的系统工程。校企合作互动；在产教结合、校企合作、就业准入、顶岗实习等范畴，技能大赛得到社会广泛参与和企业高度关注，“企业积极支持大赛，大赛人才回报企业”，恰好是学校与企业直接对接、多点契合、实现双赢的最佳时机。多元整合互动；“政府主导、行业统筹，企业支持，院校参加”的运作原则，使大赛成为政府－行业－企业－社会－职业院校实现良性互动的重要实践典范。

职业技能大赛设置了三个板块，分别是：“2008 年全国职业院校技能大赛”、“中国职业教育改革与发展高峰论坛”、“中国职业教育现代教学仪器设备展”，三大板块齐头并进，相辅相成，相互关联；论坛环节的设立是我国职业教育追求“理论创新”、“理论指导实践”、“加强内涵建设”的一种体现，它冲击、触动与会专家和代表的思想，引发人们更深入的思索、交流、甚至争论，吸引全社会对于职业教育的关注和研究；设备展环节的设立是我国职业教育“重视实践教学、强化技能培养”理念的缩影，实践教学离不开仪器设备的支撑，实践性教学在职业教育中占据决定性的地位，甚至是职业教育的灵魂。

4. 助推职教发展的社会价值

职业技能大赛意义重大而深远，促进职业教育又好又快发展，推动高素质技术技能人才又好又快成长是其最根本的目的。由于中国传统的“官本位”、“学而优则仕”等思想的根深蒂固，职业教育在整个教育序列中，并没有相当于普通教育的对等地位，这是我国教育发展亟待解决的问题。大赛具有宣传力：宣传人力资源开发与人才强国战略，宣传培养、使用及激励高技能人才规划，宣传尊重劳动、尊重技能、重视职业教育的人才观和教育观；大赛具有号召力：号召全社会支持和参与职业教育，号召企业家关注新增技能人才的素质及其人力资本投入，号召各地把大赛作为展示技能、促进改革和提高人才培养质量的重要机遇；大赛具有激发力：激发企业慧眼识真才，激发学校培养“信得过、挑得上、干得好”的优秀人才，激发全社会追技能人才之“星”；大赛具有推动力：推动社会“重普轻职”、“重学轻工”观念的根本性转变，推动高等职业教育产学结合的人才培养模式的变革，从而实现快速健康可持续发展。

五、德育主线　引领发展

以习近平为核心的党中央高度重视教育工作，明确提出立德树人是教育的根本任务，要培养德、智、体、美、劳全面发展的社会主义建设者和接班人，要加强社会主义核心价值观教育，鼓励青年学生做新时代的奋进者、开拓者、奉献者，为实现中国梦奉献智慧和力量。

职业教育承担着为国家培养高素质技术技能人才的重要使命，做好立德树人，要坚持产教融合，工学结合，校企合作，知行合一，要将知技协进，德技并修，全面培养贯穿到教育教学全过程中。

大赛以“德技并修”的职业精神和“精益求精”的工匠精神为指导，不断完善顶层设计。每届大赛都要举办德育方面的同期活动，各项活动主题鲜明，立意深远，切中职业教育“以德育人、以技压身”的培养要求，传承中国优秀传统文化，构筑了大赛亮丽风景。“我的中国梦”“我与大赛的故事”“安教乐道”等一批职教品牌扎根大赛沃土，为孕育中国工匠筑底强基。

按照知技协进、德技并修、全面培养的实践性要求，德育这一工作主线始终贯穿大赛全过程，助推大赛发展。

无论是在大赛赛场内，还是赛场外，无论是方案设计、赛事规程、竞赛要求，还是赛场氛围、活动举办、成果呈现，大赛都体现德育工作主线。历届大赛注重设计德育实践活动，或会议推动、或宣传展示、或演讲交流、或志愿服务，强调为大赛赛事做服务，为居民社区做奉献。借助大赛平台扩大示范效应，为职业院校实施德育教育搭建了重要载体，有效推动了德育工作健康发展。

1. 大赛成为落实立德树人根本任务载体

2009年大赛期间，由教育部、中央宣传部、中央文明办、人力资源和社会保障部、共青团中央和全国妇联六部门联合组织的全国中等职业学校德育工作会议在天津主赛区召开。此次会议是中华人民共和国成立以来第一次全国中等职业学校德育工作会议，会前印发了六部门《关于加强和改进中等职业学校学生思想道德教育的意见》。刘延东同志专门为此次会议写了贺信，贺信中指出，加强和改进中职学生思想道德教育工作，对于促进职业教育事业健康快速发展，提高我国产业大军的素质，确保中国特色社会主义事业兴旺发达、后继有人，具有重要而深远的意义。要坚持以人为本，遵循中职学生身心发展的特点和规律，努力培育有理想、有道德、有文化、有纪律的，德智体美全面发展的中国特色社会主义事业合格建设者和可靠接班人。要进一步增强中职学生思想道德教育工作的针对性、实效性、时代性和吸引力。时任教育部部长周济代表六部门做工作报告，时任教育部副部长鲁昕作会议总结讲话，提出每年大赛期间都要有专门的德育活动。

2014 年大赛期间，全国职教系统培育和践行社会主义核心价值观座谈会在天津召开，会议主题为“践行核心价值观，成就职教强国梦，职校生大有可为”。来自全国各地职业院校的代表就如何培育和践行社会主义核心价值观等主题开展了深入交流和研讨，与会代表表示，要用社会主义核心价值观凝聚职教力量，为建设中国特色现代职业教育体系，实现强国梦贡献职教的力量；要用行动践行社会主义核心价值观，将核心价值观内化于心、外化于行，并融入教育全过程。

2015 年大赛期间，贯彻落实中等职业学校德育大纲座谈会在天津市红星职业中等专业学校召开。时任教育部副部长鲁昕出席会议并发表讲话，她指出全国职业院校要将新修订德育大纲的制度规定转化为具体工作举措，创造性地融入到学校日常德育、专业教学、学生管理等工作中去，实现课程育人、活动育人、实践育人、文化育人、管理育人有机融合。

2. 大赛推动全国职业院校德育工作交流

2010 年大赛期间，全国中等职业学校德育工作表彰会暨经验交流会在天津隆重举行。刘延东同志在会上发表讲话指出：德育工作要重点强调德育的时代性、科学性和时效性，要坚持全过程育人、全方位育人的原则，将德育工作贯彻到对中职生教育教学的全过程中。会上还对全国 200 个先进集体和 304 名先进个人进行了表彰。

2011 年大赛期间，由中央组织部、中央宣传部、教育部、共青团中央联合举办的“永远跟党走”职业学校育人事迹报告会在天津召开。事迹报告团 6 位育人典型做先进事迹报告，刘延东在报告会后接见了报告团成员并发表讲话，她指出，职业教育必须把提高人才培养质量，提升职业教育服务水平作为核心任务抓紧抓好。希望职业学校的广大教师以 6 位育人典型为榜样，坚定跟党走的信念，热爱职业教育事业，刻苦钻研业务，进一步提升教育教学水平；关爱每一名学生，努力成为学生的良师益友，根据职业教育的特点和学生的身心发展规律有针对性地实施教育，重点培养学生职业道德、职业技能和就业创业能力。

2012 年大赛期间，教育部等多部门在天津联合召开“全国职业院校德育创新暨校园文化建设工作座谈会”。会议以“社会主义核心价值体系为引领，创新职业院校德育工作，加强校园文化建设，推进文化育人”为主题，分析了新时代职业院校德育工作面临的新形势、新任务；总结、交流了各地各职业院校开展德育工作的创新思路和具体举措，会上还就职业院校德育创新的载体和途径进行了深入研讨。

3. **大赛搭建院校德育工作成果展示平台**

2013 年大赛期间，由教育部、中央文明办和共青团中央共同主办的全国职业院校“我的中国梦”主题演讲会在天津中德职业技术学院举行，全面展示职业院校开展“我的中国梦”教育活动阶段性成果。现场演讲的 10 名师生是从各省评选出的 150 余名优秀师生代表中遴选出来的，其中有高职学生 4 人，中职学生 3 人，教师 3 人。他们畅谈对“中国梦”的理解和认识，阐释个人理想与“中国梦”的关系，展望个人与伟大祖国的美好未来，表达投身实践、立志报国的决心以及落实的积极行动。演讲深深打动了台下的观众，不时赢得阵阵掌声。

2016 年大赛期间，全国中等职业学校“文明风采”竞赛与大赛、活动周同期举办。“文明风采”竞赛活动是加强和改进中等职业学校德育工作重要活动之一，对于增强职业学校德育工作的针对性和实效性、提升办学水平，培养学生职业精神、提升学生思想道德素质和综合素养，促进学生全面和可持续发展，弘扬“劳动光荣、技能宝贵，创造伟大”的时代风尚具有重要意义。

2017 年大赛期间，“我与大赛的故事”——全国职业院校技能大赛获奖师生优秀事迹分享会在天津职业大学举行。分享会旨在充分发挥大赛获奖师生的引领作用，引导学生自觉培育和践行“工匠精神”，有力推动教风学风建设，广泛营造“大赛点亮人生，技能成就梦想”的良好氛围，潘婷等 4 名全国职业院校技能大赛获奖学生和 4 名全国职业院校技能大赛优秀指导教师通过演讲、访谈的形式介绍夺冠和成长成才经历，充分展示了获奖学生及指导教师的风采。

4. 大赛促进区域思政联盟建设质量提升

2018 年大赛期间，在北京市教育委员会、天津市教育委员会、河北省教育厅共同指导下，由京津冀职业教育教学协同发展联盟主办的“京津冀职业院校思政课程教育成果交流展示活动”在天津成功举行。活动发挥京津冀职业教育教学协同发展联盟“共研、共建、共用、共享、共赢”的平台功能，与会专家学者借助展示平台分享交流好的经验做法，特别是在职业院校意识形态阵地建设过程中遇到突出问题和解决方法，并就积极推动习近平新时代中国特色社会主义思想进课堂、进教材、进头脑这项固本工程展开深入研讨。

2019 年大赛期间，天津海河教育园区思想政治教育实践基地体验活动在天津举行，来自天津海河教育园区思政联盟建设单位教师学生和大赛期间来津各界代表近千人入馆参与体验。5 000 平方米的基地，分为“序厅”“新时代、新思想”“沿红路、寻初心”“明明德、晓律法”“立匠心、育匠人”六大部分，参与的学生和教师通过使用和体验基地内多项实践教学模块，充分感受到天津海河教育园区思政联盟在思政课程建设方面改革与创新成果，通过“浸入式”教学情景，让参与体验的师生感受到了思政课中“真理”的魅力，全面有效提升了学习获得感。

5. 大赛催生职业教育国家教学成果产出

基于大赛产出的国家教学成果奖如表 5–1 所示。

表 5-1　基于大赛产出的国家教学成果奖一览表

序号	成果名称	成果完成单位	获得奖项	获奖年份
1	开发技能赛项与教学资源推进高职机电类专业综合实训教学的改革与实践	天津中德职业技术学院	特等奖	2014 年
2	“大赛 – 职教改革试验区 – 人才培养”互动模式的系统设计与实践	天津中德职业技术学院；天津轻工职业技术学院；天津电子信息职业技术学院；天津机电职业技术学院；天津职业大学；天津交通职业学院；天津现代职业技术学院；天津市机电工业学校；天津国土资源和房屋职业学院	一等奖	2014 年
3	职业学校技能大赛促进专业技能教学体系改革的研究与实践	江苏省教育科学研究院；江苏省电化教育馆；人民教育出版社；南京高等职业技术学校；南京金陵中等专业学校；江苏省无锡汽车工程中等专业学校；常州刘国钧高等职业技术学校；苏州建设交通高等职业技术学校；江苏省张家港中等专业学校；江苏省南通中等专业学校	一等奖	2014 年
4	全国职业院校技能大赛成果资源国际化发展的实践创新	天津市仪表无线电工业学校；天津电子信息职业技术学院；西安开元电子实业有限公司；天津市东丽区职业教育中心学校	一等奖	2018 年

续表

序号	成果名称	成果完成单位	获得奖项	获奖年份
5	标准与竞赛双驱引领基于制品生产流程的模具专业人才培养模式探索与实践	浙江机电职业技术学院	二等奖	2018 年
6	教学与竞赛训练相结合培养机械类高职学生创新能力	浙江机电职业技术学校	二等奖	2009 年
7	抓点铺面，激活技能大赛拉动效应之“潍坊模式”	潍坊市对外经济贸易学校；潍坊市职业技术教育教学研究室	二等奖	2014 年
8	对接产业、以赛促学、面向全体——区域性职业技能大赛模式的创新与实践	上海市教委教研室；上海市商贸旅游学校；上海市南湖职业学校	二等奖	2014 年
9	基于“职教新干线”的网络学习空间创新应用	湖南省教育科学研究院；湖南省教育厅；长沙民政职业技术学院；湖南铁路科技职业技术学院；湖南工艺美术职业学院；湖南化工职业技术学院；中南工业学校；株洲市工业中等专业学校	二等奖	2014 年
10	“四级赛制”助推“四个对接”教学模式创建与实践	重庆市立信职业教育中心	二等奖	2014 年
11	构建“学－赛－训”互促机制提升学生专业技能水平	宁波市教育局职成教教研室	二等奖	2014 年
12	中等职业学校学生素质能力大赛的理论创新与实践探索	河南省教育厅；河南省职业技术教育教学研究室	二等奖	2014 年
13	职业技能竞赛融入高技能人才培养过程的研究与实践	湖南化工职业技术学院	二等奖	2014 年
14	搭台结盟促进校校企交融协作；真题实赛引领农林类专业发展	丽水职业技术学院；浙江省高职教育农林牧渔类专业教学指导委员会；温州科技职业学院；金华职业技术学院；台州科技职业学院；嘉兴职业技术学院；杭州天香园林股份有限公司；杭州市园林绿化工程有限公司	二等奖	2014 年

续表

序号	成果名称	成果完成单位	获得奖项	获奖年份
15	行业指导下的石化类职业院校学生技能大赛赛项开发与实践	中国化工教育协会；常州工程职业技术学院；湖南化工职业技术学院；南京化工职业技术学院；河北化工医药职业技术学院；扬州工业职业技术学院；天津渤海职业技术学院；徐州工业职业技术学院；上海信息技术学校；本溪市化学工业学校；天津职业大学；化学工业职业技能鉴定指导中心	二等奖	2014 年
16	校企融合、以赛促建－车工精品专业建设探索与实践	辽阳市高级技工学校	二等奖	2014 年
17	“全员参与、赛证结合、以赛促教”——中餐烹饪专业教学改革与实践	重庆市旅游学校	二等奖	2014 年
18	高职汽车类四级竞赛促进专业人才培养的探索与实践	四川交通职业技术学院	二等奖	2018 年
19	基于课程引领、项目搭台、竞赛锤炼的民航电子商务类人才培养模式改革与创新	广州民航职业技术学院	二等奖	2018 年
20	高职电子商务专业“训、赛、创、服”四位一体实践教学模式的探索与实践	杨凌职业技术学院	二等奖	2018 年
21	对接世赛，开发标准——农林高职卓越人才“三阶段三层次”培养模式探索与实践	江苏农林职业技术学院，金陵科技学院	二等奖	2018 年
22	重构与引领：省级职业技能大赛综合改革的探索与创新	湖北省教育科学研究院，湖北工业职业技术学院，武汉船舶职业技术学院，湖北生态工程职业技术学院，武汉市第二轻工业学校，湖北科技职业学院	二等奖	2018 年

续表

序号	成果名称	成果完成单位	获得奖项	获奖年份
23	科研引领“四项改革”破解赛教“两张皮”的研究与实践	重庆市教育科学研究院，重庆市九龙坡职业教育中心，重庆市巴南职业教育中心，重庆市渝中职业教育中心，重庆市开州区职业教育中心，重庆市工艺美术学校，重庆市立信职业教育中心，重庆市经贸中等专业学校	二等奖	2018 年
24	以赛促训，推进生长干部军事基础训练实战化	陆军工程大学	二等奖	2018 年

6. 大赛牵引德育主题实践活动芬芳绽放

历届大赛期间国家级德育主题活动如表 5-2 所示。

表 5-2　历届大赛期间国家级德育主题活动一览表

年份	活动名称
2009	全国中等职业学校德育工作会议
2010	全国中等职业学校德育工作表彰会暨经验交流会
	全国职业院校学生文艺作品调演晚会
	2010 年全国中等职业学校学生技能作品展洽会
2011	“永远跟党走”职业学校育人事迹报告会
	“永远跟党走”民族地区职业院校学生才艺汇报演出
	2011 年全国职业院校学生技能作品展洽会
	2011 年民族地区职业院校学生才艺展示
2012	全国职业院校德育创新暨校园文化建设工作座谈会
	2012 年民族地区职业院校教学成果展演
	2012 年全国职业院校学生技能作品展洽会

续表

年份	活动名称
2013	“我的中国梦”主题演讲会
	全国职业院校学生技能作品展洽会
	2013 年民族地区职业院校学生技艺比赛展演
2014	全国职教系统培育和践行社会主义核心价值观座谈会
	2014 年中华优秀传统文化技艺表演赛
2015	贯彻落实《中等职业学校德育大纲（2014 年修订）》座谈会
	全国职业院校技能大赛博物馆参观活动
	2015 年中华优秀文化传统艺术表演赛
2016	2016 年中华优秀文化传统艺术表演赛
	“同在一片蓝天、携手共创梦想”——民族地区学生职业技能展示
	“走进百年老号、感受精湛技艺”——中华老字号企业开放体验
	“大赛点亮人生、技能成就梦想”——全国职业院校技能大赛博物馆参观活动
	“传承鲁班精神、感受匠人匠心”——中华优秀传统文化百姓大讲堂
2017	安教乐道·现代职业教育之品——暨天津职业院校推进“五风建设”交流会
	“我与大赛的故事”——全国职业院校技能大赛获奖师生优秀事迹分享会
	中华优秀文化传统艺术表演赛
	“精彩十年”——全国职业院校技能大赛成果参观活动
	“弘扬工匠精神、振兴民族品牌”——津门老字号企业走进大赛产品展示活动
2018	“安教乐道”职业院校师德师风建设研讨活动
	“传承班墨文化”青少年职业生涯开蒙仪式
	全国职业院校技能大赛博物馆展示交流活动
	中华优秀传统文化艺术表演赛
	京津冀职业院校思政课程教学成果交流展示
	全国职业院校信息化教学大赛获奖教师技艺技能展示

续表

年份	活动名称
2019	国家现代职业教育改革创新示范区思想政治教育实践基地体验活动
	“安教乐道·铸魂育人”——牢记“六个要求”贯彻“八个相统一”推进思政课程建设研讨交流活动
	“传承班墨文化”——“学子归叙发展、亲子悟劳动美”普职融通教育活动
	全国职业院校技能大赛博物馆综合体验活动
	“弘扬工匠精神 助力创新发展”——第二届“匠心·创新”论坛

第六篇

国赛风采

大赛“精彩”，是中国职业教育的精彩。

2017年全国职业院校技能大赛，是继2008年在天津举办首届大赛之后的“第十届”，恰逢党的“十九大”召开之年。经过十届的发展，大赛从无到有、从小到大，从大到强，成为我国职业教育改革创新和全国广大职业院校师生展示发展成果的重要平台，成为推进产教融合、校企合作和德技并修、全面培养的重要手段，成为扩大职业教育面向人人社会影响和国际合作、世界分享的重要窗口。

2017年大赛开幕式前，中共中央政治局常委、国务院总理李克强为第十届全国职业院校技能大赛做出重要批示，对全国职业院校技能大赛多年来的发展给予了高度肯定，同时也为大赛未来发展指明了方向。

2017年大赛天津主赛区承接24个国赛项目，1项表演赛和6个国际化赛事，赛事承办数量居全国之首，国际化赛事数量和质量创纪录。与此同时，主赛区还举办了20项特色鲜明、内容丰富的国家级主题活动。围绕本届大赛“精彩十年”主题，精心设计了125项形式多样、富有内涵的展示、体验、互动型校园活动。

大赛的“精彩十年”，是全国职业教育的“精彩十年”，更是天津职业教育的“津”彩十年。

2017年全国职业院校技能大赛，是自2008年以来，每年连续举办的第十届大赛，又恰逢党的十九大召开之年，意义十分重大。我们站在“第十届”大赛时光点上，观察被誉为“中国职业教育的亮丽风景线”的国赛，体味“国赛风采”，鉴赏国赛品质与韵味。

2017年5月8日，刘延东亲临比赛现场指导，出席大赛开幕式并发表重要讲话。她充分肯定了大赛所取得的辉煌成就，要求切实落实李克强总理的重要批示精神，加快推进现代职业教育发展。第十届大赛在中央领导的亲切关怀下，在大赛组委会的直接领导以及大赛执行委员会、分赛区执行委员会、赛项执行委员会、承办院校、合作企业和大赛专家团队的通力合作下取得了圆满成功，符合“精彩、专业、安全、廉洁”的要求，遵循提高质量、完善制度、阳光操作、创新发展的总体办赛思路，各项工作均高质量高水平完成。

第十届大赛于2017年5月8日～6月29日在天津主赛区和吉林、江苏、浙江、安徽、福建、江西、山东、河南、湖北、湖南、广东、广西、重庆、四川、贵州、云南、陕西、甘肃和青岛等19个分赛区成功举办。大赛共设81个常规赛项，4个行业特色赛项，其中，中职项目35个，高职项目46个，4个行业特色赛项均为高职组赛项。总参赛选手 13 922 人，指导教师 9 795 人，共有 8 326 人次获奖，其中一等奖 1 394 人次，二等奖 2 766 人次，三等奖 4 166 人次，参赛选手数和获奖人数都再创历史新高。

2017 年 5 月 8 日～ 15 日，天津主赛区的 15 所职业院校承办 24 项国赛，1 个表演赛和 6 个国际赛，同期举办 21 项国家级主题活动。主赛区比赛期间，全国近 5 000 名参赛选手在天津同场竞技，近万名嘉宾到天津参加和观摩，其中来自 24 个国家的 175 名选手、裁判和专家参加了本届大赛，大赛的国际影响得到进一步提升。

大赛举办期间，面向社会开放所有赛项和活动现场，坚持技能大赛“面向人人，人人参与”，在赛项和活动中设计“观摩、体验、互动、交流”多个环节。以大赛为源点，让中小学生、老年人、企业能工巧匠、国际友人等纷纷走进大赛，全方位、立体化地了解大赛、了解职业教育，感受职业教育发展的魅力，通过最大程度的开放和展示，最大限度扩大与各方的合作与交流，在全社会营造“劳动光荣、技能宝贵、创造伟大”的时代风尚，实现社会与职业教育的多维度、多类型、多层次深度融合。

一、同期活动

从 2008 年首届大赛起，每届大赛同期举办多项大型主题活动，

2016年第九届大赛开始，同期活动进行调整升级，整体设计突出板块化、时代性。

2017年第十届大赛设计了“服务国家战略、服务产教融合、服务教学改革、服务精准帮扶”4大板块、20项大型主题同期活动。活动“数量、规模、质量、影响”等几项指标都达到历年之最。活动的举办极大丰富拓展了大赛的边际效应，充分展示了职业教育改革发展成果，通过高度凝练的4大板块，凸显了十届次的大赛对职业教育以及经济社会、民生改善、脱贫攻坚等方面做出的巨大贡献。

1.“精彩十年”——全国职业院校技能大赛成果展示

成果展于2017年5月8日～15日在全国职业院校技能大赛博物馆举行，博物馆坐落地天津海河教育园区天津商务职业学院，为展示“精彩十年”主题，在校区内建设大赛“景观大道”，巧妙借助学院楼宇墙面、绿化带、穹顶等设施立体化展示大赛发展成就和获奖师生风采，博物馆馆内在一期建设的基础上，围绕十届大赛主题深度凝练总结升华、突出重点成效，设计20块互动展板讲述十届大赛的发展故事。5月7日，时任教育部副部长李晓红、天津市副市长曹小红在大赛博物馆共同为“全国职业院校技能大赛成果转化中心”“国家职业教育教学资源开发与制作中心”两个“国字号”中心揭牌启运。5月8日大赛开幕式前，时任中共中央政治局委员、国务院副总理刘延东在大赛博物馆亲切接见了 10 位代表，他们分别是大赛优秀指导教师、优秀企业家和历届大赛获奖选手，充分肯定他们取得的成绩和为大赛做出的贡献。

2. 现代职业教育·装备制造业产教对接会暨京津冀现代制造业职教集团成立大会

2017 年 5 月 8 日，活动在天津机电职业技术学院举行，京津冀三地职业院校、行政部门、行业企业、科研机构、知名高校等 60 余家单位以“服务中国制造 2025、京津冀协同发展”为宗旨组建了京津冀现代制造业职教集团，职教集团以深化产教融合、校企合作，创新制造业技术技能人才系统培养机制为工作重点，充分发挥政府推动和市场引导作用，构建形成多层次、立体化办学体系，通过创新京津冀区域内“政、行、企、校、研”五方携手合作机制，全面推进“产业、行业、企业、职业、专业”五业联动运行机制，增强京津冀现代制造业职教集团对于区域经济社会发展的服务能力。

3. “脱贫攻坚·职教帮扶”协同创新发展论坛

2017 年 5 月 8 日～ 15 日，论坛在天津海河教育园区天津机电职业技术学院举行，2015 年国家现代职业教育改革创新示范区建设以来，按照国家发展战略的要求，对口帮扶新疆、西藏、青海、甘肃、宁夏、内蒙古、河北等地区，连心携手，扶智共赢，精准设计帮扶方案，积极调动各方优质资源，天津市按照“倾心、聚力、精准、重效”工作要求，坚持授人以渔，精准施策，从“有啥给啥”到“缺啥补啥”，从“自发行动”到“系统推动”，从“校校帮扶”到“产教对接”，从“挂职支教”到“整体扶智”，构建起区域系统援建、品牌整体输出、专业结对共建、师资系统培训、学校订制培养等五种职教帮扶模式。活动期间，众多专家、学者到场观看纪实展，各界好评如潮。

4.“一带一路”现代职业教育鲁班工坊国际交流活动

2017 年 5 月 8 日～ 15 日，活动在天津海河教育园区天津轻工职业技术学院举行，“一带一路”现代职业教育鲁班工坊建设纪实展览以鲁班工坊建设两年以来的成果为主线，详细介绍鲁班工坊的缘起、内涵、建设布局、优质成果、未来规划等内容，通过“一带一路，职教作为；顶层架构，引领示范；国际布局，创新发展；共建共享，提质增效”等篇章，真实记载了勇于探索、扎实实践、富有成效的国际化发展历程，让社会更加了解鲁班工坊。展览还介绍了鲁班工坊的后续发展，印度尼西亚、印度、巴基斯坦等“一带一路”国家的鲁班工坊建设相继启动。展览生动地呈现了天津职业教育依托鲁班工坊，拓展国际合作、输出职教成果、培养国际人才，开展师资培训，成立研究机构等国际化成果。

5.“职继协同，双周推动”——服务终身学习职教集团十年建设推动会

2017 年 5 月 11 日，推动会在天津城市职业学院举行，会议以“职继协同、双周推动，服务终身学习”为主题，集中展现了天津城市职业学院职教集团服务终身学习的工作成果。回顾十年来，职教集团立足中心城区、以终身教育为重点，整合区域教育资源，为中心城区市民终身教育服务；实行集团化办学，构建了区域终身教育、终身学习体系。通过职业教育与继续教育协同发展，职教活动周与终身学习活动周“双周”推进，依托职业教育，推动社区教育、老年教育、老年服务、青少年活动，为区域发展培养了大批实用好用人才。

6. 中华优秀传统文化艺术表演赛

2017 年 5 月 8 日晚，表演赛在天津大礼堂举行。为体现“共筑职教梦、喜迎十九大”的活动主题，“中华风韵 桃李芬芳”2017 年中华优秀传统文化艺术表演赛以创新的艺术理念、精湛的艺术技艺、昂扬的精神风貌、精心创作的艺术作品，表达了全国艺术类职业院校师生迎接党的十九大的喜悦心情。

全国文化艺术职业教育教学指导委员会与天津艺术职业学院根据艺术职业教育的特点，结合经典性、传承性和地域性，将表演赛分为“音乐艺术”“戏曲曲艺艺术”“舞蹈杂技艺术”三大板块，

荟萃了全国近 20 所艺术职业院校的 16 个新创节目，涵盖了音乐、曲艺、戏曲、舞蹈和杂技五大门类，体现了中国艺术职业教育的鲜明特色，凸显了中华优秀传统文化的唯美韵味。

7. 职业教育国际研讨会

2017 年 5 月 9 日，研讨会在天津海河教育园区天津青年职业学院（现天津职业大学海河园校区）举行。教育部职业教育研究中心研究所、中国联合国教科文组织全国委员会秘书处、联合国教科文组织驻华代表处多家科研、国际机构参加。会议旨在分析国际职业教育面临的形势与挑战，分享中国与其他国家在职业教育方面的改革创新成果和实践经验，明确推进职业教育创新、提升职业教育质量的思路，充分发挥职业教育在实现《2030 年可持续发展议程》目标中的重要作用。

来自联合国教科文组织以及芬兰、德国、韩国、蒙古国、尼日利亚、南非、斯里兰卡等国家的职业教育专家和教育部、各省区高职院校近 20 名学者、专家在会上进行专题发言，近 200 名职教领域的专家、学者、教师及企业代表参加了会议。

8. 电脑鼠走迷宫（IEEE）国际邀请赛

2017 年 5 月 9 日，邀请赛在天津渤海职业技术学院举行。2017 年电脑鼠走迷宫（IEEE）国际邀请赛吸引了来自新加坡義安理工学院、泰国大城学院、南开大学、天津大学、北京交通大学、河北工业大学、河南安阳工学院、天津渤海职业技术学院等11所学院的15支代表队参赛。2017届赛事迎来了曾多次荣获美国APEC电脑鼠大赛、全日本世界电脑鼠公开赛冠军，被业界誉为“电脑鼠教父”的Bengkiat NG教授，现场还展示了风靡全球的“半尺寸电脑鼠”“自走车电脑鼠”比赛等特色项目。邀请赛实现了国际知名赛事落户津门，对于推动赛事国际化、提升大赛国际影响力起到积极作用。

9. 全国大赛获奖选手就业洽谈会

2017年5月15日，就业洽谈会在天津海河教育园区大学生就业创业服务中心举行。国内50余家企业携800余岗位到场揽才，到场企业月薪均在5 000元以上。参会企业中，大中型企业占80%，同时很多迅速发展的科技型企业和民营企业求才若渴。参会企业反馈，对战略性新兴产业的高级技术型人才需求很大，而大赛选手专业对口，理论知识过硬，动手实践能力强，短期培训后就能上岗，符合企业需求。招聘负责人表示，学习能力强、对自己定位准确而且踏实肯干，是他们中意职业大赛获奖选手的原因。此次活动实现了与毕业生专业的精准匹配，有效提升了对接效率，专业对口率平均达到80%以上。其中加工制造、电子信息、能源与新能源、交通运输等专业赛项获奖选手专业对口率接近 90%。

10.“安教乐道”·现代职教之品——“五风建设”交流会

2017 年 5 月 15 日，交流会在天津海河教育园区现代职业技术学院举行。42 所职业院校教师及学生代表参加了会议。“安教乐道”是国家现代职业教育改革示范区构建职业院校“立德树人”重要的体系和品牌。“安教”是对投身职业教育的坚实信仰，“乐道”是对培育大国工匠的倾情执着。此次会议是“安教乐道”品牌系列活动的首场，充分展示了学风、教风、考风、班风、校风“五风”建设成果，引导职业教育立德树人、德技并修、职继协同、全面育人发展。

11. 全国无人机应用技术军民融合安全发展论坛

2017 年 5 月 10 日，论坛在天津海河教育园区天津现代职业技术学院举行，来自国家空管委、军事科学院、空军司令部、中国成教协会、海军航空兵、空军场站空管室、中国科学院光电研究院、天津警备区、天津市公安局治安管理总队、中国空管杂志社、深圳无人机协会等单位，及天津大学、上海交通大学、西安航空职业技术学院、长沙航空职业技术学院等院校，共计 100 余家单位，200 余名代表参加了本次论坛。活动旨在创新无人机职业教育事业，助力军民融合战略，交流探讨在军民融合等重大战略机遇下，加快无人机职业教育创新发展，开拓无人机职业教育新局面。

12. 京津冀烹饪文化传承与创新讲坛

2017 年 5 月 11 日，讲坛在天津海河教育园区天津青年职业学院（现天津职业大学海河园校区）举行，活动响应京津冀协同发展战略，促进京津冀三地文化交流传承与融合创新，从文化融化与创新的角度为三地一体化发展进行探索，通过弘扬中国传统烹饪文化，促进京津冀三地烹饪文化的交流，展现职业教育风采，激发学生的荣誉感、使命感，促进学生潜移默化的爱岗敬业教育和全面发展。活动受到了社会各界的高度重视，来自职业院校、居民社区、老年大学等近 200 人聆听主题讲座。

13.“国赛”对接“世赛”第四届职业院校国际赛事合作交流研讨会

2017 年 5 月 12 日，研讨会在天津海河教育园区天津市仪表无线电工业学校举行。研讨会增进了对于国际技能赛事了解，围绕“国赛”对接“世赛”对职业教育影响的探讨，推动职业院校技能竞赛与职业教育专业建设的协同发展。会议对于提高全国职业院校技能大赛的国际化建设水平，引进和学习国际化办赛的技术、标准和规范，推动全国职业院校技能大赛走出国门，扩大国际影响力等方面具有重要意义。

14.“我与大赛的故事”—技能大赛获奖师生优秀事迹分享会

2017 年 5 月 11 日，分享会在天津职业大学举办。分享会发挥大赛获奖师生的引领带动作用，引导学生自觉培育和践行“工匠精神”，推动院校“五风”建设，营造“大赛点亮人生，技能改变命运”的良好氛围。潘婷等 4 名全国职业院校技能大赛获奖学生和 4 名全国职业院校技能大赛优秀指导教师通过演讲、访谈形式介绍夺冠经验，展示了获奖学生勤于学习、善于思考、勇于实践、刻苦钻研、精益求精的“工匠精神”以及指导教师们热爱学生、技艺卓绝、勤勉付出、教法高超、不畏困难的“双师风采”。职业院校的师生代表、社会各界人士、媒体记者，共计 500 余人参加了分享会。

15. 第六届自动化生产线安装与调试国际挑战赛

2017 年 5 月 8 日，挑战赛在天津海河教育园区天津中德应用技术大学举行。第六届国际挑战赛吸引了来自德国、西班牙、泰国、老挝、印度尼西来、刚果（布）、坦桑尼亚、赞比亚、韩国、新加坡和巴基斯坦 11 个国家的参赛队参加。国际挑战赛与大赛高职组“自动化生产线安装与调试”赛项按照统一标准同时开赛，实现了国赛与国际赛同场竞技。国内和国际选手同台竞技，各国参赛队员都竭尽全力展现自己的能力和风采。赛前和赛后，中国学生积极主动为国际队选手当导游，与他们交朋友，开展了多项相互之间的交流活动，国际队领队和指导教师与我国职业院校的教师进行了技能教学研讨。

16.“弘扬工匠精神、振兴民族品牌”——老字号企业进大赛

2017 年 5 月 8 日，活动在天津海河教育园区天津现代职业技术学院举行。参加产品文化展示活动的老字号品牌有：飞鸽 PIGEON、海鸥表 SEL-GULL、鸵鸟、津酒、天女牌、起士林、山海关、春合、蜂皇、盛锡福共计 10 个品牌。活动现场众多“津门”老字号品牌企业纷纷表示，弘扬中华老字号品牌，推广中华老字号文化，为中华老字号和年轻人之间架起一座桥梁，正是老字号品牌企业应尽的责任。老字号企业是民族工业发展的脊梁，要传承与创新并重，通过此次推介展示，吸引社会更多人关注中华老字号发展，促进民族品牌振兴。

17. 中泰职业教育活动周暨中国·东盟职业院校学生作品展

2017 年 5 月 9 日，作品展在天津渤海职业技术学院举行。在中国海外首家“鲁班工坊”落成一周年之际，建设各方总结回顾“鲁班工坊”的建设经验，共同探索职业教育国际化的新模式、新路径。同期，“工程实践创新项目（EPIP）国际教育联盟”正式成立。在“中国—东盟职业院校高峰论坛”上，中泰两国职业院校共同见证“中泰大城园”揭牌。来自中国、泰国及东盟国家的学生展

示了他们亲手制作的百余件手工艺品。时任泰国大城省副省长皮谦、教育部职业教育与成人教育司司长王继平以及相关国家教育部门官员、专家、教师、学生参加了全程活动。

18. 京津冀中职学校会计电算化教师技能比赛

2017年5月11日，比赛在天津市红星职业中等专业学校举行。来自京津冀21所学校教师参加了本次比赛，经过激烈角逐，最终天津市滨海新区塘沽第一职业中等专业学校的赵睿、北京商贸学校的王悦、河北省涿州职业技术教育中心的爨方方等6名教师荣获一等奖，9名教师荣获二等奖。此次活动加强了京津冀三地区的职业院校专业建设合作与交流，更好地发挥了职业教育教研机构服务京津冀经济发展的功能，为促进教师共同提高专业技能水平提供了交流展示平台。

19. “国际化专业教学标准课堂教学竞赛”交流展示

2017年5月15日，活动在天津海河教育园区天津机电职业技术学院举行。本次展示进一步推动了天津市职业教育国际化发展，强化了国际化专业教学标准在教学中的应用与完善，提升了国际化专业教学标准课堂教学水平。交流展示过程中，各院校对于国际化教学标准、双语教学有了更深层次的理解。国际化专业教学标准开发对加强专业内涵建设具有重要意义，通过专业国际化教学标准的建设，引导学生掌握国际通行的技术规范、服务规范，增强学生的国际交往能力，逐步建立国际互认的专业教学标准。

20. 国家级农村职业教育和成人教育示范县成果展暨天津市城郊职业教育集团成立大会

2017 年 5 月 15 日，活动在天津市静海区成人职业教育中心举行。天津市城郊职业教育集团由静海、武清、蓟州、宝坻和宁河五区共同组成，是推动区域职业教育和继续教育协同发展的重要的合作载体，形成了以区级人民政府为主导，以各区职业成人教育中心为龙头，以乡镇成人文化技术学校为骨干，以社区服务中心、村成校为支撑的职继协同共同发展格局。

二、办赛内涵质量

2017 年第十届大赛，无论从赛事赛场组织、同期活动设置都实现了新跨越。

2017 年第十届大赛，整体赛项设置充分体现出服务国家战略，对接产业发展良好态势。赛项设置力争反映行业、产业发展趋势，体现国家重点发展和扶持的产业领域，人才培养的需求，充分体现了新产业、新技能、新业态的发展。例如，工业机器人技术应用、自动化生产线安装与调试、大数据技术与应用、云计算技术与应用、

互联网 + 国际贸易综合技能、光伏电子工程设计与实施等涉及智能制造高端装备信息技术，节能环保新能源、新产业、新业态的赛项就达到了 39 个，占全部赛项的 45.9%。大赛引领教学，突出综合技能运用，赛项设计更加强调德技并修，动手和动脑相结合，强调工匠精神的培养，第十届大赛 81 项比赛中有 73% 的赛项为团体比赛，注重团队合作，技术技能要求精益求精，90% 以上的赛项将职业素养纳入到考核的范围。

内容设计深度对接专业标准，赛项均集中考察专业或专业大类的综合核心技能，完善历届大赛中对于技能要求过于单一等问题。推出对新技术、新工艺的要求。例如，高职组中药技能比赛，增长了对行业以及广泛使用的紫外可见分析仪、荧光分析仪、化学检验方法的操作要求等。充分实现动手与动脑相结合，例如，中职组建筑装饰技能赛项，在原有计算机操作基础上增加抹灰贴瓷砖等动手技能的考核，高职组园林景观设计赛项，在原有的设计基础上增加了现场施工的内容等。

2017 年第十届大赛，普惠与开放程度得到进一步加强。全国各省、自治区、直辖市、新疆生产建设兵团和计划单列市落实层层有大赛、层层有选拔的赛事组织选拔机制。坚持国赛引领、省赛为主的思路来推进大赛发展，各地区省赛、市赛、校赛有序开展，30 个省、自治区、直辖市、新疆生产建设兵团和计划单列市都举办了省市比赛或者国赛的选拔赛。按照国赛的标准,完成制度、细化规程。人才能参与，专业大覆盖，层层有选拔，各赛事体系已经在全国建立。

为了让更多的学生受益，大赛持续推进比赛资源的共享转换工作，进一步推进大赛试题公开，按照赛题管理办法，在 2016 年大赛 80% 的赛项赛前公开赛题的基础上，2017 年大赛做到了在开赛前一个月全部公开赛题。充分贯彻了公平、公正的比赛原则，也让未参赛的学校和学生能够共享大赛资源。2017 年大赛在赛项遴选期间就要求各赛项制定具体的成果转化方案，在规定时间内，完成转化任务，并将成果转化的进度和成效作为下一年度赛项遴选的主要依据。全国大赛成果转化中心在天津主赛区揭牌运行标志着大赛资源转化工作将再上新水平。

2017 年第十届大赛，采取用好职业院校教师、行业企业专家担当裁判等形式，实现更多的职业院校教师、更广泛的行业企业专家参与大赛,通过他们把大赛成果带回到所在地区、企业和学校,并加以传播。促进构建紧密务实的校企合作关系，大赛作为联系职业院校与合作企业的纽带，拉进了校企之间的距离，实现了专业与职业、企业、行业、产业对接，将行业、企业先进技术引入教学，借助院校智力优势，助推企业发展，成为促进校企合作的有效抓手，产生了良好的效果。

2017年第十届大赛的成功举办,促进了海峡两岸之间的交流。例如，高职组信息安全管理与评估、移动互联网应用网络开发、云计算技术与应用邀请了台湾地区的代表团来参赛。此外，本次大赛部分赛项邀请了境外代表观摩参赛或交流，进一步拓展了大赛的国际影响力。例如，高职组互联网＋国际贸易综合技能赛项特别邀请了印度尼西亚、缅甸、柬埔寨、土耳其、加蓬、孟加拉、安提瓜、赛里昂、摩洛哥、俄罗斯、沙特阿拉伯、安哥拉等50名来自“一带一路”沿线国家的留学生观摩大赛。部分赛项竞赛内容、竞赛平台、比赛形式、评分标准主动对接世界技能大赛。例如，高职组嵌入式技术应用与开发，赛项内容主动参考世界技能大赛的电子技术项目和移动机器人项目等内容。吸收境内外专家参加裁判专家工作，高职组英语口语，西餐宴会服务赛项和中职组的酒店服务赛项,都有来自美国、澳大利亚、新西兰等地的专家、裁判参与工作。

2017年第十届大赛，辐射功能、引领作用进一步扩大。全国各地区积极申请承办大赛，随着大赛影响力的不断扩大，申办的积极性持续高涨。2017年，共有20多个省、自治区、直辖市提交了赛事申请，涉及学校128所，200余项，赛事申报数和院校申报数再创历史新高。为了更好地发挥地方的职教资源，产业和政策优势，推动全国职业教育的相互交流和协调发展，按照大赛赛区及承办校遴选规则，最终确定了天津等20个赛区，天津职业大学等67所学校作为赛项的承办地和承办单位。其中江西、湖南、四川、云南和陕西，均是第一次承办大赛。

三、媒体典型报道

2017年第十届大赛，媒体宣传效果得以进一步提升。各地区积极协调国家、省、市的主流媒体。通过采访、报道，建立专栏，开辟微平台在赛前、赛中和赛后对大赛进行专题和延伸报道，有利宣传了大赛对专业建设、教学改革和职业教育持续健康发展的引领示范作用，从而起到了进一步提升大赛知名度和影响力的效果，展示职业教育改革发展的成果和作用。央视的《新闻直播间》、天津卫视、山东卫视等，从不同的角度，对中职组的机器人技术应用赛项进行了报道，其中，央视《新闻直播间》一天的点击量突破了万次，在社会上引起了广泛的关注。

1. 大赛十年，大国小将

2017年5月15日《天津日报》刊发,大赛十年走出一批批“大国小将”文章：

2017年5月8日，第十届全国职业院校技能大赛在本市开幕。这是本市作为大赛主赛场，承办的第十届大赛。大赛十年，一批批技能高手从这个舞台上脱颖而出。如今的他们已经成为各自岗位上的技术骨干。今天，就让我们一起认识十年里那些给人留下深刻印象的“国赛小将”代表们，而他们也成为了名副其实的“大国小将”。

（1）臧成阳，教师，中职毕业生代表，两届国赛一等奖选手。

荣誉词：国赛小匠长成全国技术能手，培养出新生代国赛小匠，屡创岗位佳绩。

简介：天津市机电工业学校2009届毕业生。2008年和2009年分别获全国职业院校技能大赛中职组数控车工赛项一等奖和一等奖第一名。

毕业后留校，任数控技术系教师/数控车工高级技师，先后获得“天津市技术能手”“天津市五一劳动奖章”“全国技术能手”称号，2010年和2014年获天津市数控技能大赛数控车工（教师组）第一名，2014年获第六届全国数控大赛数控车（教师组）第二名。多次获得“全国优秀指导教师”“天津市优秀指导教师”称号。先后担任国赛、市赛主教练，第43、44届世界技能大赛（中国技能大赛数控车赛项）裁判。2011年和2016年，指导学生参加全国职业院校技能大赛现代制造技术数控车/加工中心组合赛项和数控车工赛项均获一等奖。2010年～2016年，指导学生参加天津市各级各类数控大赛均获一等奖。

（2）武建，教师，中职毕业生代表，第五届国赛一等奖选手。

荣誉词：国赛小匠长成技能大师，培养出新生代国赛小匠。

简介：天津市劳动保护学校2013届毕业生。2011年、2012年两次获全国职业院校技能大赛数控机床装调与维修赛项一等奖。

毕业后留校，任实习教师，专注学生培养，指导学生参加全国及天津市技能比赛共有20余人次获奖，其中，2014年全国职业技能大赛数控机床装调与维修赛项获团体二等奖，2016年全国“挑战杯——彩虹人生”创新创效创业大赛获一等奖。

先后荣获全国技术能手证书、天津市数控维修大师工作室技能大师。

（3）刘晶，企业女工，中职毕业生代表，第四届国赛一等奖选手。

荣誉词：国赛小匠长成“最美军工女将”，实现报效国防梦想。

简介：天津市机电工业学校2011届毕业生。2011年全国职业院校技能大赛中职组数控铣工赛项荣获一等奖，是九届次大赛以来唯一一位获得数控技术赛项一等奖的女选手。

现就职于中国电子科技集团公司第十八研究所（简称十八所），数控铣女工。十八所是服务“神一”到“神七”7代飞船的研究机构。她在十八所机加工车间负责数控编程工作，参加过多种高精密零件的加工和制作，并成功交付使用。2012年获“大连机床杯”

第五届天津市数控技能大赛暨全国数控大赛选拔赛数控铣职工组比赛第二名；2014 年被评为所内“岗位能手”；2015 年获天津市职工职业技能大赛第二名；2016 年被评为市国防工业工会“最美军工女将”。

（4）王海龙，企业经理，中职“双创”楷模，第一届国赛一等奖选手。

荣誉词：国赛小匠长成创业者，创业带动就业，实现创业梦想。

简介：天津市交通学校 2009 届毕业生，现任海龙汽车维修中心总经理。2008 年全国职业院校技能大赛汽车运用与维修赛项个人维修基本技能一等奖。

毕业后，创开了自己的汽车维修店。经过 6 年打拼，维修店已从 100 平方米、2 名员工的小店发展成为 500 平方米、30 名员工的二类标准化汽车修理厂，年收入 600 ～ 700 万元，为中职学校学生树立了创新创业的典范。

个人创业为社会带来 30 多个就业岗位，其中有 23 人来自农村。员工康瑞猛的家在农村，工作 3 年来工资由 2 000 多元 / 月涨到 8 000 元 / 月，不仅解决了自己的就业和生活，还支持妹妹上了大学。厂里员工中有 6 名职业院校毕业生。三年来，提供职业院校学生实习岗位约 200 人次，还带动了汽车施救等维修服务近千人次的间接就业。

（5）刘旭，企业部门主管，高职毕业生代表，第一届国赛一等奖选手。

荣誉词：国赛小匠长成岗位拔尖人才，成就职业梦想。

简介：天津中德职业技术学院 2008 届毕业生。2008 年全国职业院校技能大赛高职组产品部件的数控编程、加工与装配技能赛项一等奖。获奖后晋升技师并被保送升本，2010 年从天津理工大学机械工程及自动化专业毕业。

在校就读期间，获天津市高职高专院校第五届数控技能竞赛数控车组一等奖，首届津台两岸青年学生职业技能竞赛高职组数控车竞赛三等奖。

本科毕业后，就职于中国中车集团天津电力机车有限责任公司，在岗位上快速成长，出色完成多项技术难题，现任制造部刀具主管。2011 年在公司第五届技术运动会上获数控车操作竞赛第一名，被公司评为拔尖人才。

（6）穆艳霞，研究生，高职毕业生代表，第八届国赛一等奖选手。

荣誉词：职教“直通车”助国赛小匠长成研究生，踏上更高追梦路。

简介：天津生物工程职业技术学院 2015 届毕业生。2015 年获全国职业院校技能大赛高职组工业分析检验赛项一等奖。2013 年和 2014 年获天津市技能大赛三等奖和二等奖。

2015 年被推荐保送入天津农学院基础科学学院应用化学专业。入学后得到老师青睐，被推选进入应用化学实验室，协助完成重要课题并能独立设计实验方案。2016 年参加天津市大学生创业创新训练项目和天津市自然科学基金青年项目以及“恒电位电沉积制备 Bi2Te3”课题的研发。2017 年考取内蒙古大学生命科学学院生物工程专业的硕士研究生，已经通过复试。

（7）刘亚，护士，高职毕业生代表，第七届国赛一等奖选手。

荣誉词：国赛小匠长成岗位技能能手，实现天使之梦。

简介：天津高等医学专科学校 2014 届毕业生。2014 年获全国职业院校技能大赛高职组护理赛项一等奖。

毕业后，就职于天津市儿童医院呼吸科，从事儿科护理工作。儿科护士工作难度大，患儿无法表达或不能完全表达自己病情和需要，她凭借精湛的护理技术和过硬的业务素质，以“一针见血”赢得了患儿家长的高度评价，获得了肥胖患儿静脉穿刺、周围血管动静脉换血、股静脉留置针、腋静脉留置针等较大难度的技术操作“神枪手”的美誉。参加抢救 30 多次，出色完成任务。

2. 天津职教，精彩十年

2018 年 5 月 6 日《天津日报》专版，天津职教发展走过“精彩十年”。

（1）全国职业院校技能大赛烽火再燃

今天，2018 年职业教育活动周全国启动仪式暨第十一届全国职业院校技能大赛开幕式在我市举行。这是我市第十一次承办该项赛事。在未来一周的时间里，来自国内和国际上的技能高手，将会聚津门，同台竞技。

全国职业院校技能大赛举办的十年，是我国职业教育，特别是天津职业教育发展的“精彩十年”。十年来，一大批赛项的先进理念、教学标准、竞赛装备、教程教材落地专业建设，落地课堂教学；十年来，一大批具有创新性的岗位技术标准、设备设施反哺企业；十年来，一大批技能精湛的获奖选手在职业岗位上创造了骄人业绩……如今，每年在我市举办的全国职业院校技能大赛已成为中国职业教育的亮丽风景线。

（2）十年磨一剑，砺得梅花香

昨天，记者走进天津职业大学汽车实训工程中心，该校正在备战全国职业院校技能大赛的学生团队，在真实的汽车模型前，默契地进行着整车故障诊断排除和动力电池拆装检测。“今年，大赛新增了‘新能源汽车技术与服务’赛项，学生们正在练习的就是针对新能源汽车的技术服务。”天津职业大学校长刘斌介绍说。

“技术升级需要什么，就比什么；产业变革需要什么，就赛什么”，这样的例子，在过去十年中，每一届大赛都有。十年来，大赛赛项从2008年10个专业类别的24个赛项发展到大体涵盖所有专业类别的近百个赛项，但在赛项设置上，一直追求的是不断服务经济发展、服务产业升级、服务民生改善。

2008年，动漫产业呈现井喷式发展，动画片制作赛项走进大赛；2009年，3G正式投入使用，全国所有县镇均建有基站，3G基站建设维护及数据网组建赛项进入大赛；2011年，H7N9病例增加，食品安全引发全民关注，当年的大赛新增了新城疫抗体测定赛项；2012年，全国发生多起“电梯惊魂”事件，“智能电梯装调与维护”赛项应运而生；而随着公众对“雾霾”和生态环保的关注，大气环境监测与治理技术、水环境检测技术成为新的赛项……

十年来，大赛坚持与产业发展同步，对接行业标准和企业技术水平，根据产业结构调整和技术革新，特别是战略性新兴产业、先进制造业、现代农业、现代服务业的技术变化，及时调整技能大赛的项目、内容和标准。“比赛不是目的，我们更希望可以通过大赛引领职业院校的教育教学改革和专业建设、课程建设。目前，天津的多所职业院校已经将多项国家竞赛的标准要求纳入到课程体系中，并开发了相关的教材。我们看重大赛，希望更多的学生可以脱颖而出，但是我们更看重大赛对天津职业院校各项事业发展的促进作用，特别是产教融合、校企合作、国际交流的平台作用，促进技术技能人才培养质量的整体提升。”天津市教育委员会副主任吕景泉说。

（3）长技在手人生出彩 孵化培育大国工匠

全国职业院校技能大赛，为经济社会发展输送技术技能人才，为每一个有梦想的职教学子搭建华丽的舞台。一批批能工巧匠从这里脱颖而出，一批批技能精湛的获奖选手从这里走上职业岗位。

1989 年出生在河北省高碑店市尤庄子村的张朝，因为从小就喜欢与“机器设备”打交道，高考时他毅然选择了天津机电职业技术学院。2008 年，在专业教师陈甫的鼓励和指导下，张朝与同学组队报名参加了首届全国职业院校技能大赛并获得一等奖。从那之后，张朝的人生似乎“开了挂”。按照相关政策，他被保送至本科院校应用技术专业。在继续深造的两年中，他多次参加各级别比赛，拿奖拿到手软。之后，顺利通过校园招聘进入天津大学，成为机械实践教学中心的指导教师。现在的张朝，每天把所有的精力都放在了技术研究和对学生的指导上。

中国航天科工集团二院 23 所数控车、加工中心编程加工工程师王警，也曾是全国职业院校技能大赛的冠军明星。“是技能大赛让我登上了人生的另一个舞台，我一直相信，只要肯付出，就会有收获，每个人都有人生出彩的机会。”王警说。

十年来，大赛参赛选手从 2 080 人发展到 12 042 人，获奖选手从 1 283 人发展到最多时的 7 874 人。十年间，一群群青春勃发的年轻人，用自己的行动，在全国职业院校技能大赛的赛场上，践行精益求精的职业精神，实现匠心独具的职业理想。他们凭着对梦想的执着、对荣誉的渴望和一身过硬的技能，一路过关斩将，站上最高领奖台，成为名副其实的“技能状元”。

（4）天津职教优质品牌 叫响全国走向世界

十年里，我市从国家职业教育改革试验区到示范区，再到如今的国家现代职业教育改革创新示范区，每一次的“升级换代”，全国职业院校技能大赛都是教育部与天津市政府共建“试验区”“示范区”的最重要建设内容之一。

十年里，通过大赛这个平台，一大批中国职教的质量标准从天津诞生，我市职业院校里也培养出越来越多追求精益求精的职教师生。全国职业院校技能大赛已成为我市的一张亮丽名片。

同时，随着天津职教名牌叫响全国，国家中西部地区职业教育师资培训中心、职业院校参加世界技能大赛培训基地、全国职业院校技能大赛主赛场、全国职业院校技能大赛博物馆、国家职业教育教学资源开发与制作中心、全国职业院校技能大赛成果转化中心、鲁班工坊研究与推广中心等 8 个“国字号”项目落户我市。

从 2009 年开始，大赛每年都邀请国内外知名企业、国际竞赛选手、国际著名会展集团共同参与。在大赛对接世赛研讨会，设立 EPIP 国际挑战赛、国际化专业教学成果交流赛、“鲁班工坊”建设项目成果及工程实践创新项目交流研讨等国际化活动中，来自美国、德国、日本、西班牙、荷兰、新西兰、韩国、新加坡、泰国、印度、印度尼西亚、老挝、越南、柬埔寨等 20 多个国家的政府官员、主管部门、院校代表、学生亲身参与、感受中国大赛的特殊魅力。

在注重“请进来”的同时，作为国家现代职业教育改革创新示范的天津，还积极把示范区的优秀成果“输出去”。截至目前，由我市职业院校牵头设计的大赛赛项、竞赛装备、教材资源，有三项已经正式成为东盟十国技能大赛的指定赛项，竞赛的标准、装备、教材率先走出国门，成为中国职业教育“软实力”的重要标志。

作为十年大赛的见证者和参与者，天津市教育委员会副主任吕景泉感受颇深，他说：“在天津，大赛是推手，推动学校紧贴需求，有效促进政、行、企、学、研的‘五方携手’；大赛是载体，通过赛项设计、实施、推广和转化，学校将大赛成果应用于教学，成功探索了产业、行业、企业、职业与专业的‘五业联动’新机制，助推了示范区‘体制机制创新、培养模式改革、鲁班工坊建设、东西协作帮扶’等任务的实施。可以说，全国职业院校技能大赛是我国新时期发展职业教育的一项重大制度设计与创新。”

四、面向人人 成就未来

十二届次的国赛，112 270 名国赛参赛选手，71 542 名国赛获奖选手。他们原本是普通的职业院校学生，但他们都怀揣着人生出彩的梦想，并为之不断努力。

十二个年头，2008 年到 2019 年，在大赛这个特殊的舞台，职业院校学生们凭着对梦想的执着、对荣誉的渴望和一身过硬的技能，一路过关斩将，终于站上了最高领奖台，成为名副其实的“技能状元”。

他们是千万职业院校学生的优秀代表，“一分耕耘一分收获”，在人生的道路上，他们迈出了坚实的一步，在成绩的背后，他们付出了辛勤的努力和汗水，他们得到了久违了的人生自信和职业信仰。

1. 三思方举步 百折不回头

——国赛二等奖获得者 陈昆

陈昆，鄞州职业教育中心学校电气技术应用专业学生，2010 年全国职业院校技能大赛（中职组）单片机控制装置安装与调试赛项二等奖获得者。目前任职于宁波巨神制泵实业有限公司，作为一名核心技术骨干，被公司任命为“低压成套开关设备”企业技术负责人。

2008 年，中职学校卷起一场前所未有的以赛促教改革风暴。也是这一年，那个富有梦想、对未来充满希望的年青人来到了鄞州职业教育中心学校，他就是陈昆。2009 年，陈昆加入了鄞州职业教育中心学校的“单片机控制装置安装与调试”赛项竞赛训练队，参加了宁波市技能大赛，获得了一等奖。随后，陈昆又代表宁波市参加了浙江省技能大赛，力拔头筹，并获得了代表浙江参加全国职业院校技能大赛的资格。在备战全国大赛的过程中，他一心扑在训练上，不知道重复了多少次操作，汗湿了多少件衣服。陈昆说：“每次训练结束后，我都是拖着疲惫的身子回去的，虽然觉得很苦，但心里还是很开心，因为每一天都会有新的收获，觉得这一切都值得。”

“宝剑锋从磨砺出，梅花香自苦寒来。”他的努力付出最终有了回报。在 2010 年全国大赛中职组“单片机控制装置安装与调试”比赛中，陈昆沉着冷静迎战，熟练规范操作，赢得专家青睐和赞赏，以优异的成绩荣获二等奖。

成绩的获得，离不开学校的支持和指导老师的付出，更离不开全国大赛的平台。通过参加大赛，陈昆由一位普通的中职学生成为学校的“名人”，由一位初学者成为了“技能达人”。

中职毕业后，陈昆被一家民营企业录用，从事专业技术工作。

中职阶段的竞赛经历教会了他如何面对新环境，如何更快地掌握新知识和新技能，使他顺利地完成了从学校到职场的转变。2013年，公司组建"省级技术研发中心"，遇到很多技术问题。其中，潜水泵的防水漏电保护一直是最难解决的问题：工作中潜水泵经常因漏水烧毁整个潜水泵。陈昆凭借自身具备的单片机技能、发散性思维模式与逻辑思考能力，经过半年的努力，发明了一套完善的潜水泵保护控制装置，成功解决了这个难题。同时，这套装置也获得了企业、专家、行业的认同和肯定。2014年4月，陈昆成功申请了国家"潜水泵保护控制装置"实用新型专利。此后，陈昆又设计开发了泵站移动式卷扬机，也获得了实用新型的专利保护。

2014年9月，陈昆被邀请参加第十一届中国科学家论坛，在北京人民大会堂这个神圣的会场中，他发明的"潜水泵保护控制装置"获得2014年度中国科技创新最佳发明技术奖。陈昆从一名普通的技术工人，一跃成为了享誉行业、企业的科技创新发明人。

2. 虚心成大器 细微现人才

——国赛"双"一等奖获得者 刘月明

刘月明，长春市农业学校畜牧兽医专业学生。2010年、2011年大赛中职组"动物外科手术"赛项一等奖。

"工欲善其事，必先利其器。"刘月明在校期间担任学习委员，虚心刻苦，常常第一个走出宿舍，最后一个离开教室。无论是学习理论知识，还是亲自动手练习技能，她都珍惜每次提升自己的机会，曾两次获得一等奖学金，多次获得“三好学生”“优秀学生干部”等荣誉称号。

2010 年 4 月，经过多次考核筛选，刘月明凭借优异成绩，最终被指导老师选拔成为省代表队畜牧兽医专业选手。比赛的项目是动物外科手术，是由“动物术前检查、药物的使用及计算、无菌手术的准备、手术切口、患病部位处置、缝合、术后护理”等一系列综合技能组合而成，每项技能必须熟练达到专业水平，才能在激烈的比赛中脱颖而出，这对于一个未走向岗位的在校学生是非常艰难的。但是她并没有因为困难而气馁，她坚信勤能补拙。在练习组织缝合时，她因为缝合效果不理想，坚持从早上练习到晚上，常常连吃饭都忘记了。每次练习她总是最早到达实训室，把所有工作都准备完，然后复习昨天学过的项目。

机会总是留给有准备的人，经过长达 2 个月时间的集训，她终于在 2010 年 6 月全国大赛中获得“动物外科手术”一等奖，同时获得农业职业技能鉴定指导中心颁发的动物疫病防治员高级职业资格证书。

在比赛过后，刘月明并没有骄傲地止步不前，她始终坚持学习，认真训练。2011 年，她再次参加全国大赛，又一次获得“动物外科手术”赛项一等奖。

两次冠军的荣誉让刘月明在毕业时收到多家大型企业抛来的橄榄枝，但都被她拒绝了。尽管可能错过高薪，错过更好的个人发展，刘月明依然选择留在母校工作，她要报答农校对她的培育之恩，她愿将她所学到的知识全部奉献给母校，献给曾经关爱、曾经鼓励过她的这片热土。

2014 年 6 月，在不断的努力和潜心的学习后，刘月明在家乡四平创业，开了“明康动物诊所”，深受患主的好评。2016 年 10 月 19 日，《四平日报》以《宠物情缘背后的商机》为题，对刘月明进行了报道。开业以来，诊所的顾客不断增多，需求也随之增加，刘月明也为此开设了宠物寄养、宠物美容等一系列新的项目。现在，她在为将来开一家更大规模的宠物医院做储备。

“健康所系，性命相托”是刘月明的宣言，她愿把一生奉献给喜爱的宠物服务事业，减少宠物遭受疾病痛苦，凭着良好的医德做最好的宠物医生。

3. 鲲鹏展翅飞 志向凌云高

——2014 年国赛一等奖获得者 朋措旺加

朋措旺加，四川国际标榜职业学院艺术系平面专业学生，2014 年全国职业院校技能大赛（高职组）“英语口语”赛项一等奖获得者。

朋措旺加的家乡在青海省玉树州的一个小山村。如果不是因为一场突如其来的车祸，朋措旺加可能从没想过离开家乡。在家乡从事导游的他，是当地的小小名人，工作自由，收入颇丰。但是，2010 年的一场车祸，让旺加的人生跌入“地狱”。当医生告诉他从此不能行走的时候，旺加说：“那一刻，我想到了死”。在家人的鼓励下，2012 年，朋措旺加第一次离开家乡，从遥远的青海，来到中国西部的四川成都求学。“既然我捡回了一条命，我就不会向命运屈服，没有了腿，我还有手，学一门技术，我一样有用！”

全新的大学生活如一抹阳光，驱散了久日的阴云，也激发了这个藏族学生学习的热情。四川国际标榜职业学院的师生们给予了这个孩子特殊的爱，时时刻刻关注着他的学习和生活。在大家的关心和帮助下，专业课、选修课、综合课、讲座，朋措旺加一节不落。课堂上听不懂，旺加下课就拦着老师问；完成不了的作业，旺加就彻夜达旦地做；初次做得不好，旺加就二遍三遍甚至几十遍、几百遍地反复练习。除了学习上的刻苦外，旺加还是校园小明星，晚会、社团活动、国际交流活动，处处都有他的身影。学校藏历新年晚会上，旺加和来自学院其他专业的藏族同学一起成立了乐队，为大家献上了欢快的藏族民歌，让所有同学领略活跃、热烈、朴实、优美的藏族音乐。

旺加更是一个“英语爱好者”，腿脚的不便虽然限制了他许多活动的能力和范围，但并不能影响他了解世界、热爱生活的激情。他说：“我要建一个网站，一个展现中国优秀藏族文化的网站，一个汇聚全世界各个国家的大学生交流学习的网站，这个网站有英文版、中文版还有藏文版。”为了这个目标，朋措旺加一有业余时间，就翻阅英语书籍，收听英语广播、参加英语角，勇敢地和外教交流，提升口语表达水平。

每年的全国职业院校实用英语口语大赛，让许多外语专业的同学都望而却步，而刚步入大一的朋措旺加就在老师的鼓励下尝试着参赛。在备赛的过程中，他几乎天天泡在图书馆，反复查阅、练习，提高自己的英语应用水平和英语思维模式。只要一有机会，哪怕只有一点时间，他也紧跟在外教老师身边，时时刻刻提高自己的英文水平。清晨，大家还在睡梦中时，他已经开始在校园的角落里练习诵读；夜晚，大家已经休息了，他依然在教室里收听广播纠正发音。就这样，随着备战时间的不断推进，旺加的英语口语水平突飞猛进，有了很大程度的提高。最终，在学校老师、外教和同学的帮助与指导下，旺加首次参赛就夺得全国选拔赛四川省非英语专业组第一名，代表四川省高职学生出征全国职业院校技能大赛。2014 年 6 月，在全国职业院校技能大赛（高职组）“英语口语”赛项总决赛现场，这个坐着轮椅的藏族学生以稳定沉着的台风、流利标准的口语表达获得非英语专业组一等奖。现场所有的评委嘉宾都为这个“特殊”的参赛者起立鼓掌。

回首自己与众不同的人生历程，当过往的一幕幕浮现在朋措旺加眼前，这位坐在轮椅上的藏族小伙泪如雨下，“高职校园的三年，让我走出因车祸失去行走能力的阴霾，并走上全国职业院校技能大赛获奖舞台，是职业教育让我重获新生。”

附录

历届大赛主赛区同期活动一览表

年份	序号	活动名称
2008	1	第六届全国职业教育现代技术装备展览会
	2	2008 年中国职业教育改革与发展高峰论坛
2009	1	第七届全国职业教育现代技术装备及教材展览会
	2	全国中等职业学校德育工作会议
2010	1	首届中国天津职业教育国际论坛
	2	2010 年全国中等职业学校学生技能作品展洽会
	3	全国职业院校学生文艺作品调演晚会
	4	第八届全国职业教育现代技术装备展览会
	5	2010 年全国职业院校技能大赛高职组参赛选手观摩及现场招聘会
	6	全国中等职业学校德育工作表彰会暨经验交流会
2011	1	2011 年全国职业院校学生技能作品展洽会
	2	2011 年民族地区职业院校学生才艺展示
	3	职业教育改革发展暨国家示范高职院校建设四周年成果展示会
	4	第九届全国职业教育现代技术装备暨职业教育创新教材展览会
	5	“永远跟党走”职业学校育人事迹报告会
	6	促进中等和高等职业教育协调发展座谈会

续表

年份	序号	活动名称
2011	7	2011 年全国职业院校技能大赛获奖选手招聘会
	8	全国职业教育科研工作会议
	9	“永远跟党走”民族地区职业院校学生才艺汇报演出
	10	东西部职业教育合作办学签约仪式
2012	1	全国职业院校德育创新暨校园文化建设工作座谈会
	2	2012 年民族地区职业院校教学成果展演
	3	2012 年全国职业院校学生技能作品展洽会
	4	2012 年全国职业院校技能大赛参赛选手招聘会
2013	1	全国职业院校技能大赛成果展
	2	“我的中国梦”主题演讲会
	3	全国职业院校学生技能作品展洽会
	4	第十一届全国职业教育现代技术装备展览会
	5	全国职业院校技能大赛获奖选手招聘会
	6	2013 年民族地区职业院校学生技艺比赛展演
2014	1	全国职教系统培育和践行社会主义核心价值观座谈会
	2	中英职业教育“影子校长”圆桌会
	3	2014 年全国职业院校技能大赛参赛选手就业洽谈会
	4	2014 年中华优秀传统文化技艺表演赛
2015	1	贯彻落实《中等职业学校德育大纲（2014 年修订）》座谈会
	2	现代学徒制国际研讨会
	3	2015 年全国职业院校技能大赛参赛选手就业洽谈会
	4	职业院校国际化专业教学成果分享活动
	5	职业教育现代技术装备及教材演示说明活动
	6	全国职业院校技能大赛博物馆参观活动

续表

年份	序号	活动名称
2015	7	全国职业院校学生技术技能创新成果交流赛
	8	“口腔医学技术”表演赛
	9	2015 年中华优秀文化传统艺术表演赛
	10	2015 年全国职业院校技能大赛闭幕式
2016	1	2016 年中华优秀文化传统艺术表演赛
	2	2016 年全国职业教育活动周暨全国职业院校技能大赛开幕式
	3	首届中国职教现代化论坛暨第二届全国职业教育科研院（所）联席会议
	4	第五届自动化生产线安装与调试国际挑战赛
	5	现代学徒制实践成果分享会
	6	高职院校国际化专业教学成果交流赛
	7	2016 年电脑鼠走迷宫巅峰对决国际邀请赛
	8	2016 年工程实践创新项目东盟六国及津台两地交流研讨活动
	9	“国赛”对接“市赛”——第三届职业院校国际赛事研讨会
	10	“聚焦创新创业、引领人才发展”——创新创业英才大讲坛
	11	“同在一片蓝天、携手共创梦想”——民族地区学生职业技能展示
	12	京津冀协同发展现代职业教育·智能制造产教对接会
	13	京津冀协同发展现代职业教育·食品安全与营养产教对接会
	14	京津冀协同发展现代职业教育·养老服务产教对接会
	15	全国大赛参赛选手就业洽谈会
	16	“走进百年老号、感受精湛技艺”——中华老字号企业开放体验
	17	“大赛点亮人生、技能成就梦想”——全国职业院校技能大赛博物馆参观活动
	18	特色“生态文化、海洋文化、制造文化、商务文化”体验游
	19	“传承鲁班精神、感受匠人匠心”——中华优秀传统文化百姓大讲堂

续表

年份	序号	活动名称
2017	1	中华优秀文化传统艺术表演赛
	2	“精彩十年”——全国职业院校技能大赛成果参观活动
	3	“中国制造 2025”现代职业教育·装备制造业产教对接会 ——暨京津冀现代制造业职教集团成立大会
	4	“脱贫攻坚·职教帮扶”协同创新发展论坛 ——国家示范区职业教育东西部协作行动计划建设展示
	5	“一带一路”现代职业教育“鲁班工坊”国际交流活动 ——国家示范区职业教育国际化进程成果展示
	6	“职继协同、双周推动”服务终身学习职教集团十年建设展示 ——暨国家现代职业教育改革创新示范区建设推动会
	7	全国大赛获奖选手就业洽谈会
	8	第六届自动化生产线安装与调试国际挑战赛
	9	职业教育国际研讨会
	10	2017 年电脑鼠走迷宫（IEEE）国际邀请赛
	11	安教乐道·现代职业教育之品——暨天津职业院校推进“五风建设”交流会
	12	全国无人机应用技术军民融合发展论坛
	13	中泰职业教育活动周（渤海）暨中国·东盟职业院校学生作品展
	14	京津冀中职学校“餐饮服务”学生技能大赛
	15	“我与大赛的故事”——全国职业院校技能大赛获奖师生优秀事迹分享会
	16	京津冀中职学校“会计电算化”教师技能大赛
	17	“国赛”对接“世赛”——第四届职业院校国际赛事合作交流研讨会
	18	“弘扬工匠精神、振兴民族品牌” ——津门老字号企业走进大赛产品展示活动
	19	国际化专业教学标准课堂教学竞赛
	20	天津市城郊职业教育集团成立大会

续表

年份	序号	活动名称
2018	1	2018年职业教育活动周全国启动仪式暨全国职业院校技能大赛开幕式
	2	改革开放40年中国职业教育成就展
	3	“一带一路”职业教育鲁班工坊建设纪实展
	4	“脱贫攻坚·职教帮扶”职教东西协作成果展示
	5	“职继协同·双周推动”构建学习型城市成果展示
	6	全国职业院校技能大赛博物馆展示交流活动
	7	“国赛”对接“世赛”——第五届职业院校国际赛事合作交流研讨会
	8	中华优秀传统文化艺术表演赛
	9	2018年职业教育国际研讨会
	10	“姜大源教育名家工作室”揭牌仪式暨职业教育名家高峰论坛
	11	“中国制造2025”先进装备制造业产教对接高峰论坛
	12	EPIP国际教育联盟论坛
	13	“安教乐道”职业院校师德师风建设研讨活动
	14	京津冀职业教育教学协同发展联盟天津论坛
	15	京津冀职业院校思政课程教学成果交流展示
	16	“传承班墨文化”青少年职业生涯开蒙仪式
	17	职业教育国际化专业教学标准建设成果展示和体验
	18	京津冀“现代物流”专业对接产业峰会暨智慧物流展示活动
	19	全国大赛获奖选手就业洽谈会
	20	“脱贫攻坚·职教帮扶”第二届东西协同创新发展论坛
	21	全国职业院校信息化教学大赛获奖教师技艺技能展示
	22	“一带一路”职业教育金属冶炼专业国际交流展示
2019	1	国家现代职业教育改革创新示范区思想政治教育实践基地体验活动
	2	“安教乐道·铸魂育人”——牢记“六个要求”贯彻“八个相统一”推进思政课程建设研讨交流活动

续表

年份	序号	活动名称
2019	3	国家级教学成果奖交流展示和推广应用活动
	4	《国家职业教育改革实施方案》座谈会
	5	首届全国 1+X 证书制度高峰论坛——“产业、行业、企业、职业、专业”五业联动对接会
	6	“人工智能背景下展望职业教育未来”五业联动高端讲堂
	7	京津冀协同发展“现代服务业”产教对接会暨“人工智能 + 现代物流”技术产品展示活动
	8	瑞士 GF 模具产业学院揭牌仪式及精密制造校企合作成果展示
	9	“鲁班工坊”与产教融合国际论坛
	10	鲁班工坊建设 · 体验馆观摩活动
	11	第三届“EPIP 工程实践创新项目”国际教育论坛
	12	2019 第四届 IEEE 电脑鼠走迷宫国际邀请赛暨 2020 年世界 APEC 电脑鼠大赛中国选拔赛
	13	第八届自动化生产线安装与调试国际邀请赛
	14	学前教育国际化专业教学标准交流展示活动
	15	“脱贫攻坚 · 职教帮扶”工作纪实展
	16	京津冀地区 ARE 企业模拟经营挑战赛
	17	终身学习成果综合展示体验活动
	18	“职继协同 优质发展 推动学习型城区建设”城市职教集团建设展示
	19	全国职业院校技能大赛博物馆综合体验活动
	20	“传承班墨文化”——“学子归叙发展、亲子悟劳动美”普职融通教育活动
	21	“创意城市 设计之都”——优秀艺术应用技术设计作品展
	22	“弘扬工匠精神 助力创新发展”——第二届“匠心 · 创新”论坛
	23	“安全 · 知识 · 科技”——安全教育基地综合体验活动
	24	全国大赛获奖选手就业洽谈会

参考文献

[1] 吕景泉.鲁班工坊核心要义：中国职业教育的国际品牌[M].天津：天津人民出版社，2019.

[2] 吕景泉.EPIP教育教学模式：中国职业教育的话语体系[M].天津：天津人民出版社，2019.

[3] 吕景泉.鲁班工坊[M].北京：中国铁道出版社，2018.

[4] 吕景泉.EPIP职业教育教学模式：改造我们的学习[M].北京：高等教育出版社，2018.

[5] 吕景泉.天津职教漫谈[M].北京：高等教育出版社，2018.

[6] 吕景泉.谈2008年全国职业院校技能大赛专业特色和价值内涵[J].天津市职业院校联合学报,2009(1).

[7] 吕景泉，张兴会，汤晓华，等.开发技能赛项及其教学资源 推进高职机电类专业综合实训教学的改革与实践[J].中国职业技术教育,2014(10).

[8] 吕景泉，汤晓华，周志刚.全国职业院校技能大赛对技能人才培养的价值与作用[J].职业技术教育,2014(9).

[9] 吕景泉,汤晓华，张兴会，等."大赛—职教改革试验区—人才培养"互动模式的系统设计与实践[J].中国职业技术教育,2014(15).

[10] 吕景泉，杨延，芮福宏，等."鲁班工坊":职业教育国际化发展的新支点[J].中国职业技术教育,2017(1).

[11] 吕景泉，吴淑媛，汤晓华．技能大赛：引领职业教育教学改革发展走向新高度 [J]. 中国职业技术教育 ,2017(16).

[12] 吕景泉，米靖，刘彦洁，等．倾心聚力 共享职教成果 活动竞秀 彰显职教魅力：从职教活动周看天津职教创新竞进发展 [J]. 中国职业技术教育 ,2018(16).

[13] 吕景泉．五业联动：职业教育科学发展的新途径 [J]. 中国职业技术教育 ,2018(10).

[14] 吕景泉．鲁班工坊：中国职业教育国际知名品牌 [J]. 天津市职业院校联合学报 ,2019(1).

[15] 吕景泉．鲁班工坊的核心内涵：中国职业教育的国际品牌 [J]. 天津市职业院校联合学报 ,2020(1).

[16] 芮志彬．全国职业院校技能大赛国际化之路 [J]. 中国职业技术教育 ,2016(16).

[17] 芮志彬，梁群等．回顾与展望：全国职业院校技能大赛发展研究 [J]. 中国职业技术教育 ,2018(16).

[18] 芮志彬．提升全国职业院校技能大赛国际影响：天津在实践探索中的五大举措 [J]. 天津职业院校联合学报 ,2019(4).

[19] 杨荣敏，李富森，武春平．十年征程：技能大赛与天津职业教育发展 [J]. 中国职业技术教育 ,2017(16).

[20] 杰克·杜赛多普．世界技能大赛对职业教育的促进［J］. 西北职教 ,2000(7).

[21] 编辑部．职业教育有大赛［J］. 职业技术教育 ,2008(21).

[22] 车明朝，刘红．展示职教风采 引领专业教学：2009 年全国职业院校技能大赛采风札记［J］. 中国职业技术教育 ,2009(20).

[23] 刘海．“大赛越来越有生命力”［J］．职业技术教育，2010(21).

[24] 李术蕊.以赛促教:技能大赛助力教师发展[J].中国职业技术教育,2011(30).

[25] 任凯.技能大赛影响力与职业教育发展[J].中国职业技术教育,2011(30).

[26] 刘红.建章立制加强管理 大赛走向成熟规范[J].中国职业技术教育,2012(22).

[27] 席东梅.技能大赛风声水起 分赛制度日趋完善[J].中国职业技术教育,2013(22).

[28] 赵伟.知识照亮人生之路　技能铸就美好未来　大赛展示师生风采　职教铺就圆梦舞台：2013年全国职业院校技能大赛综报[J].中国职业技术教育,2013(22).

[29] 车明朝.产教融合 大赛凸显企业重要办学主体作用[J]. 中国职业技术教育,2014(22).

[30] 马元兴.职业技能大赛制度的改革与创新[J].教育与职业,2015(2).

[31] 狄建明，耿洁.大赛十年:中国特色职业教育技能竞赛制度创新[J].中国职业技术教育,2017(16).

[32] 刘彦洁，王晓宗，芮志彬.求创新 谋发展 续写职教新篇章：2017年天津市职业教育活动周综报[J].中国职业技术教育,2017(16).

[33] 穆树发，李薪茹，李娜.“职继协同双周推进”服务终身学习型社会建设综述[J].中国职业技术教育,2017(16).

[34] 刘红.全国职业院校技能大赛促院校内涵发展的路径与方向：五位赛项承办校校长访谈[J].中国职业技术教育,2017(16).

[35] 李术蕊.大赛点亮人生 技能改变命运：访全国职业院校技能大赛获奖选手[J].中国职业技术教育,2017(16).

[36] 马元兴.强化大赛制度建设 催生大赛精彩专业安全廉洁[J].中国职业技术教育,2018(16).

[37] 陈杰,杨明方.全国职业院校技能大赛在津举行,刘延东 张高丽为大赛启幕[N].人民日报,2008-6-29.

[38] 刘莉,张雯婧.大赛十年走出一批批“大国小将”[N].天津日报,2017-05-15.

[39] 刘莉.天津职教发展走过“精彩十年”[N].天津日报,2018-05-6.

[40] 国家职业教育质量发展研究中心 . 先行先试 改革创新：天津职业教育综合改革十五年综述 [N]. 天津日报 ,2020-11-6.

作　者

吕景泉，二级教授，工程硕士，职业技术教育博士，正高级工程师。

国务院政府特殊特贴专家、国家级高等学校教学名师，国家级机电专业组群教学团队负责人，主持完成并获得中国职业教育领域首个国家级教学成果“特等奖”，获国家级教学成果一等奖1项、国家级教学成果二等奖4项，获全国黄炎培职业教育理论杰出研究奖。

2006—2012年教育部高等学校高职高专自动化技术类专业教学指导委员会主任、全国职业院校技能大赛工作委员会成果转化工作组主任委员、全国职业院校技能大赛成果转化中心负责人。国家职业教育教学资源开发与制作中心牵头人。

从事职业教育教学实践30余年，专注职业教育理论“宏观”、“中观”和“微观”研究20余年，专注国际和国内技能赛项研制与资源开发10余年，开发国赛赛项、国际赛项、产业赛项14项，首创并探索实践“五业联动”产教融合办学模式、“工程实践创新项目（EPIP）”教学模式、“核心技术一体化”专业建设模式。从事企业现场技术改造和升级服务跨度近20年。出版EPIP、鲁班工坊著作各3部，主编EPIP系列规划教材12部，主编国家级规划教材5部，发表论文80余篇，其中，有关技能大赛研究论文10余篇，主持完成省部级课题10余项。

首创并牵头研制，组织并推动实施“鲁班工坊”项目建设。作为“鲁班工坊”研究与推广中心负责人，围绕项目内涵、建设原则、实施路径、模式标准、教材开发、装备研制、师资培养、质量保障、启运措施等方面发挥了主导作用；组织并推动完成亚欧非8个“鲁班工坊”建设，布局15个鲁班工坊项目计划。获得泰国政府颁发的“诗琳通公主奖”。

后 记

编著此书，是为弘扬劳动光荣、技能宝贵、创造伟大的时代风尚，是为记录职教同仁的职业情怀、劳动精神、工匠意志，是为梳理技能成就梦想的感人故事、精彩情境、职业情怀，更是为“曾经”的大赛“画龙典经”。“画”中国职业教育之“龙”，“典”中国职教品牌之“经”；“画”中国教育强国之“龙”，“典”中国技能大赛之“经”。

2020年，对于技能大赛是新纪元的开始，首次全国职业院校技能大赛改革试点赛、首届中国职业技能大赛已经开启，改革创新，探路前行。

2021年，对于职业教育是新时代的开端，在全面建设社会主义现代化国家新征程中，职业教育前途广阔、大有可为。

一项全国性职业技能大赛，在职业教育领域连续成功举办了十二届次，而且是每年一届；一项职业院校技能大赛，在国家部委办层面，从11个主办单位，发展到35个，在行业企业参与方面，从数十个，发展到成百上千个，而且，年年扩容；一项中国主导的技能赛事，在世界职教、国际产业、跨国企业范畴，从观摩、交流、对话，到挑战赛、专业赛、标准赛，再到校企合作、产教融合、产业联盟，直至技术标准、教育装备、教学模式、话语体系、鲁班工坊……连续举办，持续探索，步步递进，届届升级。

我们解析它，是为了剖析其机理、制度、机制、招法，是为了在已经成功实践的基础上，继续实践、继续探索，加强理论研究、经验总结、模式推广，从而寻找成就技能大赛的成功“密码”。

大赛，引爆了产教融合视域下产业、行业、企业、职业、专业的“五业联动”，催生了教学模式范畴内工程化、实践性、创新型、项目式“EPIP”的广泛应用，助推了新时代中国职业教育的国际品牌“鲁班工坊”，实现了系统性、体系化、品牌式的“走出去”，步履坚实、步伐有力……

作为大赛的参与者、亲历者，回望大赛，真

切体会到，大赛是中国职教人智慧的结晶，是中国职教人一次守正笃行、久久为功的行动。职业教育是一种教育类型，技能大赛是其最具特质的组成部分。十二届次大赛的成功实践证明：职业教育需要大赛！

感谢以芮志彬为代表的全国职业院校技能大赛竞赛组织人员的实践实干，感谢以武春平为代表的全国职业院校技能大赛博物馆展示工作团队的辛勤辛劳。

水千条，山万座，我们曾走过；每一次相逢和笑脸都彼此铭刻。在阳光灿烂欢乐的日子里，我们手拉手想说的太多。星光撒满了所有的童年，风雨走遍了世间的角落，同样的感受给了我们同样的渴望，同样的欢乐给了我们同一首歌……

祝好技能大赛！

吕景泉

2021年5月5日（立夏）

